教师素养系列

著名语文教育家 于漪 总主编

教师科研能力的养成

兰保民／著

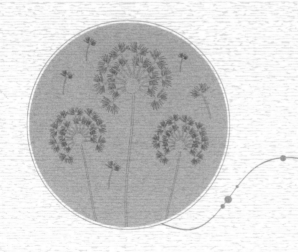

习于智长，优与心成

今天做教师最需要具备的基本素养

JIAOSHI KEYAN NENGLI DE YANGCHENG

东北师范大学出版社

·长 春·

图书在版编目（CIP）数据

教师科研能力的养成/兰保民著. —长春：东北师范
大学出版社，2020.7
ISBN 978 - 7 - 5681 - 7045 - 1

Ⅰ.①教… Ⅱ.①兰… Ⅲ.①中小学—教育研究—能力培养
Ⅳ.①G632.0

中国版本图书馆 CIP 数据核字（2020）第 136363 号

□责任编辑：刘晓军　　□封面设计：方　圆
□责任校对：王　茜　　□责任印制：许　冰

东北师范大学出版社出版发行
长春净月经济开发区金宝街 118 号（邮政编码：130117）
电话：0431—84568105
传真：0431—85691969
网址：http：//www.nenup.com
东北师范大学音像出版社制版
辽宁新华印务有限公司印装
沈阳市张士经济技术开发区
中央大街六号路 14 甲－3 号（邮政编码：110021）
2020 年 7 月第 1 版　2020 年 7 月第 2 次印刷
幅面尺寸：169mm×239mm　印张：16　字数：224 千

定价：90.00 元
如发现印装质量问题，影响阅读，可直接与承印厂联系调换

序

　　教师从事的是塑造灵魂、塑造生命、塑造人的工作，其艰巨性与复杂性，难以用语言表述完备。

　　青少年是一个个鲜活的生命，他们的生命基因、家庭情况、情智水平、兴趣爱好、行为习惯等等，各不相同，各具个性，教师要进入他们的世界，了解、熟悉、摸清他们的内在需求，绝非一日之功。而且，他们天天在发展，天天在变化，有的平稳向前，有的起起伏伏，有的突然拐弯转向。教师不把心贴在他们身上，就不能洞悉他们的变化，当然也就谈不上因事而教，助推成长。当今，社会上的价值多元、文化多样，信息工具普及，学生生活在这样的时代大潮中，思想、行为、性格、爱好、追求等，无不打上时代的印记。教书育人工作中的新情况、新问题层出不穷，如何应对，如何破解难题，是每位教师都要面对的。因此，每位教师都须攻坚克难，用勤奋与智慧提升教育质量。为此，教师自己的成长，教师队伍的建设就成为教育的重中之重。

　　教师是培育学生成长、成人、成才的人，首先自己应该是一个堂堂正正、光明磊落、有社会担当的人，以自己高尚的人格、高雅的情操熏陶感染学生，引导他们形成完善的人格和健康的审美情趣，以扎实的科学文化学养激发他们旺盛的求知欲，引领他们打下科学文化基础，并有向科学宝库、文化宝库积极探索的强烈兴趣。故而，古今中外对教师几乎都有共同的要求，那就是：德才兼备。教师要做"谦谦君子""人之榜样"，要"腹有诗书气自华"，有厚实的学术文化功底。然而，在当今时代，还得有新的要求。《国家中长期教育改革和发展规划纲要（2010—2020年）》中关于教师队伍建设的要求是：建设一支师德高尚、业务精湛、结构合理、充满活力的高素质专业化的队伍。显然，"结构合理"是教育行政部门须考虑的，而"充满活力"却是教师须探索并加以落实的。这是时代的要求，在从事教育教学工作中须强化创新意识，发挥创新精神，锤炼实践能力，精神饱满，气宇轩昂，满怀自信去创建优质教育。

直面教育现场，教师加强研修、自觉成长自然就成为应有之义。人的成长是一辈子的事，学历水平不等于岗位水平，因为教育不是一个结果，而是生命展开的过程，永远面向未来。在当前社会急速变化的情势下，要想挑起立德育人的刚性责任，创造教育教学的精彩，教师就须自觉地与学生一起成长。

成长有众多因素，与同行交流是其中有效途径之一。现场倾听交流是一种方法，阅读同行的文字表达也是一种方法。东北师范大学出版社组织撰写的《教师素养系列丛书》就是针对教师素养的几个方面从理论与实践结合的高度进行探讨、交流的，以期心灵感应，取得更多共识。

祝愿教师同行通过阅读交流，有所启迪与借鉴，走向优秀、走向卓越的步伐更扎实，更敏捷。

于　漪

目　　录

第一章

教研结合　日新又新
——教师的科学研究之"基础阐述"

教育教学既是一门艺术，也是一门科学。教育教学作为一门艺术，就需要不断打磨，才能日臻完善；作为一门科学，就需要不断研究，才能求得真知。因此，不管从哪一方面来说，教师都需要做一点科学研究的工作。

很长时间以来，中小学教师的科学研究工作在一定程度上被漠视了。从内部而言，很多中小学教师往往更多地关注教学实践，如备课、上课、批改作业、课后辅导等，或者带领学生开展一些课外活动；对于科学研究，则会有意无意地认为与自己关系不大，对自己所从事的具体工作帮助不大，充其量，也仅为职称评审、职级评定时起作用。因此，教师对申报课题、撰写论文等这些研究性的工作，虽然也会去做，但在很大程度上是迫于无奈，不得已而为之。

从外部而言，有不少人，尤其是一些对中小学教育教学工作的特点和价值缺乏深入理解和清晰认识的专家学者，也会有意无意轻视中小学教师的科学研究能力。这些人往往认为，中小学教师有人接受过科学研究的专门训练，缺乏有效的科学方法的支撑，再加上学术素养和学术视野的限制，因此很难做出有理论价值、实践价值和推广价值的科学研究成果。

其实，上述两种认识都是很片面的。中小学教师从事教育教学方面的科学研究，自有其得天独厚的优势，有独特深远的意义、不可替代的价值。

第一节　教师做科学研究的意义

研究者用科学方法对实际工作中的问题进行观察、分析、研究、提炼、概括，从中发现事物之间内在的、本质的、必然的联系，用来指导今后的工作，这种认识和活动的过程，就是科学研究。教育科学研究是用科学方法指导日常的教育工作，教育科学研究得出的结论是否正确，必须经过实践的检验，因为人对客观事物的认识不是一次完成的，是多次反复甚至循环往复才能济事的，所以，教育科学研究是一种有目的、有计划，用科学方法探索教育工作规律的认识活动。

德国哲学家雅斯贝尔斯曾经说过："教育过程首先是一个精神成长的过程，然后才成为科学获知过程的一部分。"[1] 这种精神成长的过程，不仅表现为学生的生命成长，同样也表现在教师自身的生命发展过程中。教师结合自身的教育教学工作开展科学研究的过程，同时也是自身精神生命不断成长的过程。

一、走出迷茫，教育之路越走越亮

明朝著名思想家王阳明的"知行合一"学说影响深远。其实不仅"致良知"是一个知行合一的过程，教师的教育教学实践和科学研究之间，同样也是一个知行合一的关系。

什么是"知行合一"呢？就哲学而言，这是一个十分复杂的命题。就教师教育教学实践而言，我们不妨因陋就简，把它理解成一个"知"与"行"彼此促进，互相补益，共同提高的过程。在这里，"知"就是对教育教学实践的本质和规律的理解和认识，"行"就是在工作中将教育的理想愿景转变为学生生命发展现实图景的切实行动。从这个意义上来说，教师做科学研究，恰恰就是一个"知行合一"的过程，在教育教学的实践行动中探索真知，探求规律，在探求真知规律的过程中不断改进、完善教育教学实践，知行融合，互相促进，使自己逐渐从"必然王国"进入"自由王国"，成为教育教学的行家里手，乃至名家巨擘。

作为一名教师，在日常工作中，经常会感到迷茫，对教育教学的一些复杂问题，理不出头绪，找不到对策，有时甚至顾此失彼，或者耗费力气，而收效却微乎其微。这虽然已经很糟糕了，但还不是最糟糕的。最糟糕的是，

---

[1] 雅斯贝尔斯. 什么是教育 [M]. 邹进，译. 北京：生活·读书·新知三联书店，1991.

如果教师对这些复杂的教育教学问题不进行研究，而只是采取一些粗糙愚笨的、高耗低效的做法，那么不仅自己付出大量无效的劳动，而且还让学生投入大量的精力，浪费许多本来可以用来获得更多发展的宝贵时间。而有些老师，工作上又那么认真而努力，效果自然是南辕北辙。

二、摆脱盲从，我的教学我做主

与迷茫相伴而生的便是盲从。有些教师工作中遇到困惑，却又不能够或者不愿意正视问题，通过研究寻找问题的根源，探索这类问题的本质和规律，从而探寻解决问题、提高教育教学质量的对策，便只能走捷径，借外力，照搬别人的说法或做法，这也是当前中小学教师往往容易犯的错误。殊不知别人家的曲子听着虽好，自己却不一定唱得来。更何况，教育教学工作本就是一项针对性特别强的工作，不同学科、不同学段、不同地域、不同学校的学生，具体情况往往各不相同，某一种教育教学的方法和策略，自然也就不可能包打天下。且不说有些专家学者的观点并不见得百分之百正确，有些样板学校、样板教师，其做法也并不见得真正完美无缺；换角度思考，即便都是有意义、有价值的，就真的能够解决不同学校、不同教师的具体问题了吗，答案显然是否定的，因为这里缺了一样最重要的东西，就是教师自己的思考。一切问题和答案，只有经过自己头脑的过滤和心灵的洗礼，才能够闪耀出思想的光辉和实践的价值。照搬别人的说法或做法，错就错在放弃了自己独立的思想，把对自己工作的预期和愿景寄托在别人绘就的图画里。

如果一位教师不能从迷茫中突围，不能摆脱盲从的魔咒，树立科学研究的意识，不断探索，独立思考，就不能使自己的教育教学实践得到有效的改进。反之，在问题和困惑面前，如果能够不泄气，不盲从，勇于实践，大胆探索，在借鉴专家学者科研成果的基础上，制定切实可行的计划，运用科学的研究方法，沉下心来做一些分析研究工作，从纷繁芜杂的现象中发现规律，从晦明莫测的实践领域里捕捉智慧的亮光，则会变得心明眼亮，在教育教学工作中得心应手，让教育教学工作事半功倍。

三、促进发展，好教师就是这样炼成的

当今社会中要做名好教师、优秀教师，以至"名师"，如果不搞教育研究，对自己的教育教学工作没有研究的本事，那可真是"岌岌乎殆哉"！尤其是城市的中小学教师，要适合素质教育的要求，要提高教育教学质量，要做到"以学生发展为本"，使学生各方面的素质得到发展，不做教学研究那是不可能的。

无论是国家教育行政部门对于教师资格和教师标准的描述，还是教师实际工作的需要，都对教师提出了做教学科研的要求。做班主任的教师，要了解学生的心态，就需要运用心理学的知识去研究学生的心理，仅凭经验是不够的。要上课，要教书，必须掌握课堂教学的规律，处理好师生关系、讲练关系，突出教材的重点、难点、关键，组织学生课堂讨论、小组交流，安排好课内、课外活动等。在课程改革不断深化的今天，如何在三类课程中最大限度地发挥学生的积极性，培养学生的自主精神和学会学习的能力，提高他们的探究能力和学习效率，也是需要结合实践深入研究才能够完成的。

由此可见，今天的教师要胜任工作，没有科研素养，没有研究能力，是万万行不通的！我们常说，要给学生"一杯水"，教师得有"一桶水"。现在培养学生，要求他们具有创新意识和探究能力，而作为教师，在科学研究方面居然是"空白"，这不是"南其辕而北其辙"了吗？所以，今天作为教师要跟上时代的步伐，符合国家的要求，适应学生的需要，教育教学工作做到高质量、高效率，必须具备科学研究的素养和能力，尤其是想做好教师、优秀教师的同行，一定要在科研方面下一番苦功夫，下决心搞实验，从科学实验中寻求教育、教学工作的规律，提高自己的理论水平，自觉地掌握和处理教育教学工作中各种关系这是做"好教师"的必由之路。

第二节　教师做科学研究的特点

　　教师的科学研究和其他科学研究一样，都是运用科学方法探求真知和规律的过程。这里的"科学方法"，指的是"观察法""实验法""调查法""文献资料法""理论研究法""个案研究法"等方法。我们将在第二三章做具体介绍。这些科学方法都是经过历史长期检验，在实践中行之有效的方法，可以单一使用，也可以综合运用，视实际需要而定，不宜一概而论。下面我们主要谈一谈教师的科学研究的基本特点。

一、创造性

　　科学研究，说到底，就是发现未知和未全知的认识活动，在于发现真理，以作行动的指南。教育科学研究就是从教育工作的实际出发，在前人研究的基础上，对实际存在的问题作调查研究、分析概括、提炼升华。这一过程中，难免要找书本，翻资料，以形成更丰富、更全面的认识，来解决实际工作中的问题。所以，从本质上说，教育科研是创造性的活动，目的在于发现新知和未知来丰富、充实人的头脑，去认识和解决实际工作中的问题。

　　例如，对语文教学的性质、任务、效果的研究，长期以来社会各界反响很大，意见很多，不少媒体作了报道和评述，还展开措辞尖锐的争辩。于是，有关部门组织人员进行调查研究，经过几年的努力，终于完成了《全日制义务教育语文课程标准》，其中最显著的变化是语文学科的基本属性，过去的认识是"工具性"，现在的提法是"工具性和人文性的统一"。这一创造性的发展是多年来语文教学实践的结果，也是科学研究的结果。把语言仅仅看作"工具"，把语文教学看作掌握工具的过程，这样的认识显然是不够的、片面的。语言是有血有肉、有情有智的"人"的重要组成部分，语文教学应该充满人文精神，这一认识越来越深入人心，越来越得到社会各界的认同。这就是教育科学研究的创造性，它创造新的认识，而这种认识恰恰反映语文教学的内在规律，科学研究就是要发现这种规律性来丰富、提高我们的认识，以此来改进我们的工作。可以这么说：没有创造性就没有教育科学研究，创造性是教育科学研究的生命。

二、科学性

教育科学研究必须具备科学精神，采取科学态度，运用科学方法，寻求科学规律。科学精神指的是热爱真理、勇于探索，孜孜不倦为真理而献身。教育科学研究是创造性活动，研究中不可能没有困难、挫折，必须以追求真理、无畏无私的精神去战而胜之，才能得到科学的真谛。望而却步，研究过程中退而求安，是无法找到真理的。科学态度指的是认真严肃、实事求是、一丝不苟，因为教育科学研究是一件认真、严肃的事，来不得半点马虎和虚假，所以研究者必须严谨治学、确保研究过程的真实，数据的准确，论证的充分，这样才能保证研究的结论具有科学价值。科学方法指的是经过长期实践、行之有效、为学术界认同的方法。

研究人员具有科学精神、科学态度、科学方法，才能保证研究得出的结论具有科学价值。所谓科学价值指的是科研成果的学术意义和应用价值，既有理论上的新意，又在实际工作中管用。

列宁曾经说过："规律"就是"关系"，即本质的、必然的联系，决定事物的因果关系和发展趋势。反过来说，"关系"不等于"规律"，事物现象之间非本质、非必然的联系，不是教育中规律性的因素。我们在科学研究中，应该发现哪些是规律性的，哪些是非规律性的，将规律性的东西用来指导今后的工作，把非规律性的因素剔除掉，不要影响和干扰日常教育工作。

三、长期性

　　教育是以育人为宗旨的社会实践活动。将一个不懂事的孩子培养成对社会有用的人才，至少需要一二十年的时间。古人说"十年树木，百年树人"，可见培养人才是一辈子的事。现在讲"终身教育"，活到老学到老，也是这个意思。人才培养的长期性决定教育科研往往也是长期的。另外，教育效果具有滞后性，学生成才与否，对社会的贡献有多大，要经过相当长时间的考察和检验才能知晓。我们的教育科研活动是建立在教育实践基础上的，自然要与这些特性相适应。所以，教育科研需要的时间往往比较长，苏联著名教育家赞可夫、苏霍姆林斯基都是终生搞教育实验的，他们献给世人的丰硕成果，凝聚了几十年的心血，对他们来说，教育实验就是生命的全部。

　　不少教师看到上面的结论可能会望而却步：教育科研不好搞，时间太长了。其实不然，事物具有两重性，有长必有短，有的教育科研活动是短时间就可以完成的。譬如总结教育、教学经验，一两个星期，甚至几天就可以解决问题，不必延续太长的时间。时间的长短取决于科研任务的性质、种类，不宜一概而论。当然，教育领域中一些影响深远的科研成果都是长期的，短期的成果往往挤不上"精品"的列车，其道理也是显而易见的，这里无须多说。

　　一般来说，先从经验总结、调查研究搞起，做一点比较简单的科研工作，积累了一定的经验，然后去做相对来说复杂一点的科学研究，如搞课题、做实验，这往往需要几年，甚至更长的时间才能完成。从简单到复杂，从一个方面到多个方面以至各个方面，是教育科研工作的一般过程，也决定教育科研的长期性。

四、实践性

实践性是教育科学研究最显著的特性。教育工作实践中发生了问题，人们就会去研究，谋划如何解决这些问题。解决问题固然需要用方法，更重要的是理念。如果认识不提高，理念不清楚，仅靠方法是不行的。要提高认识，端正理念，一方面是读书，学习理论，另一方面就是实践。而读书所获得的知识到底对不对，是不是符合实际，也要经过实践的检验，因为实践是检验真理的唯一标准。所以，实践是教育科学的生命和源泉。教育科学在教育实践中发展，教育实践在教育科学指导下前进，两者相辅相成，互补互合，而实践是第一位的。因此，要搞教育科研必须深入实践，积累经验，注意观察、收集、整理有关材料，并且经常分析、研究这些经验材料，从中发现它们相互间的联系。尤其是那些本质的、必然的联系，即规律性的联系，从而提高认识，提升理念，回过头来指导实际的教育工作，使教育实践上升到新的水平。从实践中发生，经过调查研究，运用先进的教育思想，对实践中的问题加以分析综合，得出科学的结论，再用来指导实践，就是教育科研的实践性。

五、综合性

综合性是由教育研究的对象决定的。教育研究的对象是教育存在，这里所说的"教育存在"是指研究者所认识和预见到的教育问题。"教育问题"中最大的问题当然是学生，而学生的成长，一方面是由自身的生理、心理、思想、道德、文化、科学等多方面因素决定的，另一方面受到老师、同学、家长及其他社会因素的影响，有的影响也是决定性的。因此，教育科学研究要综合众多因素，才能发现和掌握教育工作的规律，这是综合性的一个方面。

另一方面，教育科学研究的方法多数是综合运用的，单一运用的情况比较少。教育科研的方法很多，常用的有观察法、调查法、实验法、经验总结法、个案研究法等。近年来，由于教育科学的发展重视引进其他学科的方法，如统计测量法、系统分析法、数学模型法，并与教育科学的常用方法相结合，取得了较好的效果。教育科研方法的综合性是由教育研究对象的综合性决定的。内容的综合性决定方法必须是多样的、综合的，单一的方法难以适应综合的内容。方法的多样组合、综合运用必然使内容更丰富、更精彩。所以，教育科学研究务求掌握多种方法，尤其是当代新学科运用的方法，以补传统方法之不足。

六、群众性

20世纪80年代以后，由于改革开放，解放思想，广大中小学教师的工作积极性空前高涨，形成了前所未有的科研热潮，要做"研究型教师""学者型教师"的呼声很高。另一方面，从中央到地方纷纷建立教科所（院）和教育学会等学术团体，形成了大规模、群众性的教育科研队伍和区域性的科研网络。有需求，有队伍，有组织，教育领导部门又给予适当的政策，于是许多地方出现了"校校有课题、人人搞科研"的兴旺局面。科研兴教、科研办校已经成为教育行政部门和学校发展的指导思想。以上便是中国教育科研独有的特性——群众性。

教育科学研究的特性不仅这些，以上仅是择要而言之。创造性、科学性、长期性、实践性、综合性、群众性不是孤立的，而是统一的，相辅相成的，我们在研究过程中务必把握这一点。

第三节　教师做科学研究的要求

一、解放思想

　　教育科学研究可以预设，因为有的时候人们对教育科研的设想是在日常工作中突然意识到的，也就是所谓"灵感"，或是长期工作积累中逐步形成的一些想法，这两种情况下形成的教育思想、观念，都不是教育科研的结果。因此，要经过教育实践（包括有计划的教育实验）的检验来证明"假设"的正确性，证明这些思想、观念是符合教育工作发展规律，也是教育科研的一种途径。有的哲学家甚至说：没有"假设"和"想象"就没有科学。这种说法是有道理的，因为人类社会很多创造发明，最初都是"胡思乱想"、天马行空式的"假设"和"想象"，后来随着时间流逝、社会发展，大多成为现实。古代阿拉伯世界的神话《一千零一夜》中"飞毯"、"宝瓶"等神话，今天都成为现实。

　　这样的说法并不是提倡"胡思乱想"，而是主张将"科学"和"想象"结合起来，既要实事求是，又要善于想象，在尊重科学的前提下，尽情发挥自己的聪明才智。马克思爱好诗歌，爱因斯坦擅长拉小提琴，这些大科学家都具有艺术家的素质，说明科学和艺术是相通的。法国大文豪福楼拜曾说：科学和艺术从塔基分手，到塔尖会合。可见，两者本质上是相通的，只是表现形式不同。

二、积极主动

　　科学研究的过程中最怕教师没有自身的心得体会，丝毫没有这方面的积累，仅仅是因为领导的一句话才进行科研，"揪着头皮喝水"，去研究某一个问题，最后的结局往往很悲哀：研究的结果不理想、很肤浅，心理上也蒙上了阴影，觉得自己不适合搞科学研究。

其实，每一位老师都可以搞教育科研。教育科研本身具有实践性和群众性，教育科研不是神秘莫测的，不是少数人的"专利"。当然，每位老师搞科研的能力是有差别的，因为每个人的文化底蕴、科学素养、工作习惯不一样，科研工作的效率就会有所不同。最理想的情况是：自己想研究的问题恰好是学校及社会关注的"热点"。个人和学校、社会的需要一致，往往是教育科研成功的重要前提。搞教育科研必须具备的心态，就是把"要我做"和"我要做"统一起来。只有自己内心有需要解决的问题，才会孜孜不倦地去追求，去钻研，否则，被人牵着鼻子走。不是自己想搞的课题，不仅搞起来相当苦涩、别扭，而且最终的结果也不理想。所以，调整好自己的科研心态，是搞教育科研的首要准备。

三、勤于积累

教育科研要有课题，有目的、有计划、有组织地展开研究，需要结题，撰写研究报告、科研论文，最后还要请专家、学者评估鉴定，而最终科研成果成功与否，都取决于平时的积累，即你平时的积累有多厚，科研功底就有多深。"养兵千日，用兵一时。"平时战士训练得好，战场上才能打胜仗。教育科研也是如此，平时做个有心人，注意积累各方面或某方面的材料，一旦需要的时候，这些材料就可以派上用场。平时脑袋空空，等到课题研究的时候才去找材料，杯水车薪，起到的作用是十分有限的。水滴石穿，厚积薄发，平日下了细功夫，到时候就能"毕其功于一役"。

许多科学研究有成果的中小学教师，他们的经验都证明了这一点。著名特级教师于漪从教 50 余年，科学研究硕果累累，著作跻身，可她最初却是从每堂课的"教后记"做起，把自己教课以后的心得体会写下来，最少几十个字，最多也只是几百字，凝聚着自己成功的喜悦，教后的困惑，以至对教育教学深层的思考。这种深刻的反思，使自己的思想经常处在碰撞之中，不时飞溅出智慧的火花。于漪老师能够站在时代的前列，不断发表对语文教学的真知灼见，同她的人格修养、孜孜不倦的追求、对教育事业和学生的爱是分不开的。人们总是赞叹鲜花的美，殊不知这种美的背后凝聚着栽花人多少心血！

四、扬长避短

教师搞教育科研要根据自身特长确定研究重点，有的教师善于做班主任工作，对教育学生很有心得，就应该研究德育方面的问题；有的教师擅长讲课，就可以研究课堂教学的若干规律；有的教师喜欢读书，勤于思考，那不妨在教育教学理论方面下功夫，就某一个理论或实践问题作一番钻研；有的教师搞行政管理，就在管理的某一方面积累经验。除钻研某方面之外，每位教师都应做日常的积累。

第四节　案例与导读

【案例呈现】[1]

《普通高中基于数字化视频课例的课堂教学研究》的最终目标是改善教师的思维方式。课题研究以来，尤其是最近一年通过区教育内涵项目的研究，老师们发生了哪些改变？这是最重要的研究成果。

在梳理这方面成果的时候，我们发现教师的改变主要表现在以下两个

---

[1] 上海市洋泾中学"普通高中基于数字化视频课例的课堂教学研究"课题研究成果。引自张少波，李海林. 事实和证据视野中的课堂教学诊断 [M]. 上海：上海教育出版社，2015.

方面。

一、学会面向事实、基于证据、关注细节的原点思考

参与项目研究的老师普遍认识到,"课堂教学诊断"是一种面向事实、基于证据、关注细节的课堂教学分析方法,其基本特征是还原性。以往在面对一堂课的时候,老师们常常以"我以为这堂课如何"作为课堂观察和评价的逻辑起点,现在教师们的诊断思维则常常以"我从这堂课看到了什么"作为课堂观察和评价的逻辑起点,它把教师的思考带回到课堂事实,以课堂里发生的一连串事件作为自己理解课堂、思考课堂、评价课堂的原点。这就基本达到了我们的预期目的,即"像专家那样思考"。

下文摘自一位教师的研究体会,从中我们可以看到研究带来的变化:

从课题的启动、准备课程、上传课例、分割、专家指导、提炼、形成文稿、投稿、编辑部的发表、结题、到今天专家论证验收,经历不断的反复,不断有新的认识、新的提升的过程。其中课题研究过程中,"技术"与"实证"提供了很大的帮助,使我懂得如何借助网络、信息技术来收集证据、分析证据和使用证据,突破原有评课模式,提高自己的专业水平。

原有的评课模式是:上课、说课、专家或同伴现场评课,这种方式受到时间和空间的限制,最重要的是采集到的信息有一定的局限性;现有的技术就改变了这种局面,可在评价上课之后,上传课题后,专家或同伴不需要受到时间和空间的限制。从时间上来说,只要你有闲暇的时间,什么时候都可以进行;从空间上说,也不再局限在会议室这样一个固定的空间,可以在办公室、在家里、在公交车或地铁都可以进行,但最重要的一点是搜集到所有人(包括专家)对该课的诊断,这些"大数据"更真实地反映了课的质量。

我主要关注两个方面的证据:

一是雷达图。雷达图包含了所有"医生"在学科知识、教学目标、教学内容、教学方法、课堂管理、教学基本功六个方面的粗略"诊断",也显示了"患者"在这六个方面对"疾病"的"感受",这些"感受"是最原始的、最真实的、最准确的。雷达图中也直观显示出"医生"和"患者"在感觉上所达成的共性(鉴赏性诊断和问题性诊断)与差异性(探究性诊断),使"患

者"粗略地对自己的"病理",有一个粗浅的认识,对找准"病理"确定大致的判断方向(这里的病理不仅包含病源,也包含健康因素),这样"患者"就可以有针对性地利用这些证据去进一步地进行"病理"的分析。

二是切片分析。雷达图获得大致的"病体"之后,"患者"继续打开自己课程,将所有可能与"病源"有关的因素进行分割,对于每一个分割的片段进行分析(分析的角度是:"教师的想法是什么?要达到什么样的预期?课堂上发生了什么?课堂上发生的现象与预期相同吗?相同的原因是什么?不相同的原因是什么?怎样改进?"等),继续为找到"病源"提供证据,在这里诊断者根据被诊断者提供的证据(了解被诊断者在这一环节的设计意图),为诊断者的诊断提供有力的证据;诊断者根据这些证据继续为被诊断者进行"病理"分析,同时被诊断者也可以以诊断者所提供的证据进行比较、判断、深度分析,寻找"病源",确定"病理",并使用分析得到的证据,就要对教学中存在的问题进行改进,或者对不同的观点进行探究,或者对需要鉴赏的地方进行提炼,就需要继续寻找"病源"(即聚焦问题)的原因(病理)做进一步的分析。

二、学会程序性、结构性、系统性的焦点思考

在项目研究的过程中,我们非常注重可操作的教学反思模型的构建。因此,参与研究的教师在经过研究之后基本掌握了反思的流程,从而实现了思维方式的改善,即先利用视频课例的"呈现功能"把讲课者自己"对象化",再利用网络辅助评课技术的"规程功能"实现了自我反思的程序性、结构性和系统性。走完这两步,即掌握了"像专家那样思考"的启动钥匙,实现了焦点思考。

下文我们来感受一位教师作"焦点思考"过程中的艰辛、困惑与喜悦。

1. 提炼的艰辛

大量的证据摆在你面前,你要对它判断、比较、分析,最后选择有用的证据。首先面临的第一个问题是对量规中所提供的指标的分析,如"教师的教学行为,引起、维持与促进了学生的学习活动",这里教师行为、学生行为具体指什么,教师的哪些行为引起学生的活动,哪些行为维持了学生的活动,

哪些行为促进了学生的活动，都要进行仔细的界定，否则你在进行切片时，就抓不住重点，眉毛胡子一把抓，很难提炼有用的信息。

我分析了雷达图、同伴对切片的意见，统计发现教师提问与学生开始回答之间的时间间隔（等候时间）90%以上在2秒左右，90%学生回答的字数不足几个字，我开始确定了"课堂提问与学生语言的表达"，作为研究的方向。但是突然有一天我问自己，"学生语言表达不清，就能够说明他对你提问的问题不懂吗"，认真分析之后，我觉得不一定是他不懂你的问题，有的同学心里懂了，只是语言表达有问题。也就是说，心里懂了和能够用清晰的语言表达出来这是另一个问题。后来我就决定调整我的研究方向，将研究方向确定为"课堂提问对学生思维深刻性的影响"，比如"什么是机械波""举例说明什么机械波？""声波是否为机械波？"这样的问题，会使学生思维的深度不断加深。但是我接下来思考一个问题，有多少人在研究类似的问题，他们研究的内容有哪些，他们研究的范围和深度是怎么样的，我的研究是否有价值。我先登陆中国知网做数据的统计，统计结果如下：关于课堂提问文章102364篇、关于物理课堂提问的文章28639篇、关于高中物理课堂提问的文章13471篇、关于课堂提问对学生思维的影响的文章13390篇、关于课堂提问对学生思维深刻性的影响的文章2708篇。研究的深度和范围：《高中物理课堂有效性的研究》《高中物理课堂提问行为的研究》《高中物理教师课堂提问水平的研究》《中学物理课堂互动调查研究》等博士论文。

我阅读这些资料的过程中，在思考从什么角度来研究问题，突然想起，几年前李海林校长推荐能否阅读一下有关布鲁姆的《目标教学理论》，而且我阅读的资料中也多次提到布鲁姆的理论，我就认真地阅读布鲁姆在课堂提问上提出的六个标准，分别是识记型提问、理解型提问、应用型提问、分析型提问、综合型提问、评价型提问，而且书中提供不同类型提问的定义、功能、常见提问方式。我想如果用布鲁姆的理论来分析在课堂提问中的问题都是哪些类型的，统计一节课中这些类型的数量，能够得到一些信息，也可能对我研究的问题有一定的帮助，从而找到课堂提问对学生思维深刻性到底有多大的影响，以及如何通过课堂提问来培养学生思维深刻性的途径和方法，这对我来说应当是很有意义的一件事。所以我就按照这样的思考，对我的问题进行了分析、研究，最后归纳出 6 种培养学生思维深刻性的办法。

2. 提炼的困惑

在研究课堂提问对学生思维深刻性影响的同时，在雷达图中发现，同伴和我在"教学内容"这一诊断指标上，有很高的认同感。我突然有了一个想法，教学内容的选择在课堂教学中是很重要的，能否在教学内容的选择上做一点思考呢。我就开始看课例，将我所选择的教学内容以表格的形式列举出来，其实我也不知道怎么分析。所以我又开始阅读有关教学内容的相关论文，邵华中的《教教材还是用教材教——谈语文课堂教学内容的选择》、杜斌的《新课程标准理念下体育教师选择教学内容的基本原则》、赵德全的《高中校本课程资源的开发对如何选择球类教学内容的初探》、王司宇的《科学合理选择教学内容七要素》、王斌的《浅谈课程改革后教学内容的选择》、郑伟的《选择教学内容生本教学的基点》等十几篇论文，学习专家是怎样选择教学内容的，我对《机械波》教学中所有的教学内容进行分析，最后归纳整理了在以后的物理课的教学中应当按照"教学内容的选择要符合课程标准中所规定的教学目标的要求，教学内容的选择要考虑学生的可接受程度，教学内容的选择要有利于问题的形成，教学内容的选择要充分利用学校现有的资源"等这样几个感想。

我的困惑产生在我们的评价量规上，有一项指标是对学科知识（呈现给学生的信息）的诊断，还有一项是对教学内容的诊断。我在想，教学内容应当包含学科知识，或者学科知识就是教给学生的知识点，教学内容是让学生学会知识点所选择的素材（图片、视频、实验、活动等），现在也不是十分的清晰，所以我就把"关于教学内容选择"这个问题改为"关于教学素材的选择"，将研究的范围进一步缩小，还是能够让读者有一个清晰的认识。但是关于学科知识与教学内容，还需要进一步澄清。

3. 提炼的喜悦

经过几年的课题研究与思考，我想把我的思考让更多的人了解，所以本学期我将《课堂提问对学生思维深刻性的影响》进行修改，共修改 9 次，然后向各个编辑部投稿,《物理教学》《物理教师》《中学物理教学参考》《中学物理》几个编辑部同时投稿。

之后我问导师,如何让题目打动编委,他看了文章之后说:把你的课题改为"思维怎么被碎片化了",这样更贴切、更能够吸引编委。最终,《物理教师》决定于 2015 年 5 月发表我的文章《课堂提问对学生思维深刻性的影响》。不需要他人推荐,能够发表一篇文章,我的心里还是比较欣慰的。

【案例导读】

"基于数字化视频课例的课堂教学研究"是上海市洋泾中学近几年来开展的学校研究课题,目的就在于以数字化视频为技术工具,加强教师在教学研究过程中与同伴对话、与专家对话、与自我对话、与环境对话的能力和水平,通过对话来促进反思,通过反思来提升认识,通过认识来改进实践。

借助于数字化视频技术开展课例研究,具有多元复合的功能与价值,从教师发展的角度来看,其功能和价值就在于提高教学诊断和反思的质量,用课题组的话说,就是"改善教师的思维方式"。这样的诊断和反思,不再仅仅停留于经验和印象层面,而是以课堂教学的事实为证据;这样的诊断和反思,也不再是大而化之无边无际,而是定位清晰,聚焦明确,有据可查,有迹可循;这样的诊断和反思,借助于对课例的多视角、主题式剖析,帮助教师通过对具体教学情境的深刻观照,深入认识课堂教学中的核心问题,并由此提升对学科本体和教育教学的整体理解水平。

之所以选择这一案例,是因为它在学校研究课题中比较具有典型性。众所周知,课堂是学校教育教学的主阵地,而课堂教学质量的高低,归根结底取决于教师对课堂教学理解、研究的深度,以及在此基础上的施教能力。那么怎样有效地提升教师教学研究的水平,怎样有效地促进教师对课堂教学的反思深度呢?该校有感于原有课堂诊断与评价大多建立在经验与感受基础上,缺乏事实与证据的支撑,因而不可避免地存在随意性、盲目性、主观性等弊端,于是借助视频化信息技术这一科技手段,开展基于事实与证据的课堂教学诊断。

这样的课题,切合学校发展的现实需要,切合教师发展的实际状况,切合当前教育教学发展的整体趋势，因此便具有不容置疑的实践意义。同时，这样的课题，能够为教师勾画出比较清晰的科研路径，在实施过程中有较高的可操作性，因此教师做起来就有方向感。尽管改变固有习惯总是艰辛的、痛苦的，但是认识到课题对于课堂改进、自身发展的深刻意义后，教师便会心甘情愿地拥抱这种"痛苦"和"艰辛"，在"困惑"中求索，因为课题研究会让教师品尝到艰辛后的"喜悦"，改变主观、盲从，而走向对课堂教学与自身专业发展的理性的清明境地。从案例中教师的研究感言，可以充分感受到教师从事这样的科学研究过程中体验的成长的快乐。

第二章

南山之阳　殷殷其雷
——教师的科学研究之"科研选题"

JIAOSHI KEYAN NENGLI DE YANGCHENG

《诗经·殷其雷》有言："殷其雷，在南山之阳。"意思是说，阳光暖暖的南山坡上，响起了殷殷的雷声。它启示我们，在这样美好的时代，社会正处在巨大的变革之中，教育也不例外，因此，处处都充满了生机，处处也都充满了变革的呼唤。在这种不断变革的局面中，到处都需要研究，满眼都是课题，也只有开展实实在在的研究，才能把握住教育的正确方向，才能提高教育的质量，才能更好地顺应时代的发展。

因此，每一位从事教育工作的人，尤其是身处第一线的中小学教师，理应主动顺应这种变化，不能只顾埋头教书，做教书匠；而要抬头探路，富有科研的意识，常常以研究的眼光去发现问题，思考问题和解决问题。简而言之，即每一位教师都应努力使自己成为教育工作的研究者。对此，绝大多数教师是不会有异议的，但问题在于，教师如何在自己所从事的教学实践中进行科学研究，这种研究的具体过程将怎样展开。为此，我们将从普通教师的视角，将理论结合实际，尽可能提供可操作的思路和借鉴。

第一节 科研课题的来源

常听许多教师发出这样的感叹："我们也想搞科研，就是不知道搞什么。""不知道搞什么"，即心中没有研究的题目，没有研究的题目就没有行动的方向。因此，选择并确定自己的研究题目（长期或短期），虽然只是"长征"的第一步，却是至关重要的一步，是成功的关键。没有这一步，就没有接下来的一切。

教育科研的课题不会从天上掉下来，也不是大脑中所固有，它应该也只能从教育教学的实践中来，是实践中矛盾的体现。具体而言，教师的科研题目来自以下三方面的实践。

一、来自教师个人教育实践中的思考和发现

学生作文，最爱随笔，最忌命题作文；教师从事科研，同样忌讳把眼睛盯着领导，盯着专家，希望从别人那里获得"命题"，来完成"命题作文"。我们认为，在确定科研课题的时候，教师应该解放思想，认真反思和总结自己平时的所作所为，所思所感，包括所有的困惑、失败，从中提炼出具有研究价值的内容。

谁也无法否认，教育教学工作本质上是一种创造性的劳动。尽管每位教师的工作都离不开统一的教育方针、课程标准的指导，都以教材为蓝本，但具体到每一节课、每个教学环节，教师的处理设计不可能不是个性化的。教师的劳动说到底是个体劳动，因此，每个人的教育教学实践就不会与他人完全相同，都必然会烙上鲜明的个性印记。文学艺术的创作，越是民族的就越是世界的，教师的科研课题也一样，越是从个人的教育实践出发，带有个体鲜明感受的，也就越新颖，越有创见。"理论是灰色的，生活之树长青。"教师的生活之树，就是每个人每天的教育教学实践。实践因工作对象——学生的动态变化和教师本人的动态变化而每时每刻变化着，教学实践资源取之不尽，用之不竭，永远鲜活地流淌，为我们提供了科研课题的大题库。

事实上，古今中外的很多教育家都充分重视自己的教育实践，都是从实践出发，发现、思考、实验、研究，最终在理论上有所建树，独成一家的。中国古代大教育家孔子在其对"弟子三千，贤人七十"的诲人不倦的授教过程中，才有"因材施教""温故知新""过犹不及"等教育思想和原则的阐发，才会有《论语》传世。苏霍姆林斯基是苏联一位具有30多年教育实践经验的教育理论家。他的理论完全来源于他亲手创办的实验学校。他在著名的《给教师的建议》一书中写道："我在学校工作了33年，得到一条信念，必须把儿童的生动的词语和儿童的创造作为教学体系的基础。不要重复别人的思想，而要创造自己的思想。我曾有幸把一个班从预备班一直带到十年级。领着他

们走一条完整的认识的途径。"他在引用了三篇孩子们的作文后，继续写道："我面前放着几千篇儿童编的故事，每一篇都各有各的长处。现在你们读了其中的三篇。我再重复地说一遍：只有当词进入学生的精神生活，成为他的带有深刻个性的创作工具的时候，才能取得这样的成果。这个工具，正是要在童年期和少年期，加以运用，在这几年里（特别是从六岁到十岁这个年龄前）没有做到的事，以后永远也弥补不上了。如果儿童在小学里没有学习用词来进行思考和创作，那么到五年级（相当初中一年级——译注）再来开始这项精细的劳动，就毫无意义了。"[1] 可以断定，没有苏霍姆林斯基 33 年的教育实践，不可能有"必须把儿童的生动的词语和儿童的创造作为教学体系的基础"这一体认，没有把"一个班从预备班一直带到十年级"的实际经历，就不可能有对儿童"学习用词来进行思考和创作"最佳年龄段的研究和发现。

的确，如果我们读一读西方教育史，就会更明显地发现，许多教育家就是在教育实践的基础上形成了具有个人特色的教育思想，是教育实践为这些思想的形成提供了条件。例如，古代希腊教育思想实际上是古代斯巴达和雅典教育实践以及古代希腊哲学家对自己教育实践的总结与概括；泛智教育思想的代表人物夸美纽斯曾亲自开办泛智学校，并撰写了《泛智学校》一书；主知主义教育思想的代表人物赫尔巴特在德国哥尼斯堡大学讲授哲学和教育时，曾开办了附属实验学校；实用主义教育思想的代表人物杜威在美国芝加哥大学任教时也开办了实验学校。至于"新教育"思想和"进步教育"思想的代表人物，也大多开办过自己的实验学校，并在教学组织形式、课程内容和教学方法上进行了革新。杜威曾这样指出："实验学校就是教育哲学和心理学的实验室。"因此，我们完全有理由认为：没有教育实践的基础，也就不可能形成任何教育思想。教师不从自己的教育实践出发，也就失去了科研课题的重要来源。

当然，教育实践每天都在进行着，要能从自己的实践中发现有价值的课

---

[1] ［苏］B. A. 苏霍姆林斯基. 给教师的建议：全一册（修订版）[M]. 杜殿坤，编译. 北京：教育科学出版社，1984.

题，需要教师的职业敏感。

有这样一位教师，她平时酷爱读书，尤其爱读有思想锐气、能启发人心智的理论著作。但苦恼的是，有时她觉得读书和教书是两股道上跑的车，学到的东西大多不能为教学所用。她进一步观察身边的青年教师，发现了一个更加令人震惊的现象：但凡师范大学中文系毕业的青年教师，在大学期间所受的教育大多是开放性、多元化、与时代同步的，各种最新的自然科学、社会科学的信息，在大学校园里畅通无阻，不少还能及时反馈在大学的讲台上，成为执教者的教学内容。因此，当他们毕业的时候，其知识结构是新的，思想文化观念是新的，话语系统也是新。顺向推理的结论是：当他们一届届、一批批加入到语文教师的行列中，是可以也应该给语文教学带来新的生机和活力的。然而遗憾得很，英雄无用武之地，他们一旦到了教学的岗位上，就身不由己地坠入传统的教学程序，被一本"教参"捆住了手脚。一切答案是现成的，与他们读中学时所知答案没有多大差别。他们不必也不能运用新的知识理论去思考和阐释，他们所要做的，仅仅是如何将这些现成的统一的答案变得更简明清晰，通俗且生动，让学生理解掌握。今日所教与昨日所学基本脱节。于是，在忙忙碌碌的教学中，大部分青年教师很快就被语文教学的传统势力所同化，逐步变成"两耳不闻窗外事，一心只教教科书"的教书匠了。世上一切事物都处于永不休止的运动变化中，尤其是今日之中国。然而，我们中学教师却几十年、几代人，千百万次地踏进同一条几乎一成不变的河流，在时代潮流中扮演着负面意义上的"堂吉诃德"这个滑稽可笑的角色。这种陈旧、滞后、与时代社会脱节的语文教育现状，局限甚至阻塞了语文教学最大限度发挥效能的通道。于是，这位教师确定了"语文教学与当代意识"这一研究课题。通过几个月的思考，完成了同名论文，发表在《语文学习》杂志上，该文还获得"中华圣陶杯"中青年教师论文比赛一等奖。

这就是从自身教育教学实践中发现并发掘课题的一例。

二、来源于教育改革中的热点问题

世界的变化、社会的转型、文化的多元、技术的革新促使教育不能不进行深入地变革。随着课程改革的不断推进，总会有新的实践问题和研究课题引发人们的关注和深思。对这些新的热点问题，感受最深、最有发言权的，无疑是身在一线的广大教师。因此，从中选择一二作为我们研究的课题是完全可以做到的。

近几年，随着课程改革的不断深入，教育界的热门话题可谓层出不穷。这些热门话题无不可成为第一线教师的科研课题，比如，"终身教育思想对中学教改的启示""创新能力培养与学科教学""一带一路战略对基础教育的影响"等等。有一位西部山区的教师将西部大开发的热点问题引入自己的思考，结合个人的工作实际，提出并研究了"西部山区中小学教师继续教育途径刍议"这个课题，得到了专家的好评。

选择教改热点问题做研究课题，有时会比较宏观，不易深入。但由于它的前瞻性与创新性，一定会使课题的价值更加独特和重要，因而是课题的重要来源。

三、来自个人的批判意识、异向思维

严格说起来，我们展开的"第三个来源"的阐述，与以上两个来源之间存在着交叉关系。个人的批判意识、逆向思维，终究无法脱离个体的教学实践和教改热点的社会大背景，把它独立成节，只是想强调教师在选择和确定科研课题的时候，应该更多关注自己对问题的独立思考以及这种思考的结果。

强调这一点是出于如下考虑：我们民族的思维习惯往往是顺向思维，目前又多了商业炒作，一旦有人提出教育上的许多新理论、新策略，立即众口一词，附和叫好，并且很快就有人拿出"实践经验"来推广介绍，这是产生教育腐败现象的根源之一。要抵制这一现象，一线教师应该当仁不让，用独立思考作为抵制的武器。

目前，我国从事教育理论研究的基本队伍是大学教师。他们具有较厚实的专业功底和理论素养，但我们的国情与西方不同，西方的许多教育理论研究者，或者在中小学兼职授课，或者自行办一所实验学校，将自己的理论研究所得放诸实践中去求证，然后加以补充和修正。如此多次反复，他们的研究成果在"出笼"之时，已经有相当丰富的实践基础。而我们的教育理论工作者目前尚不具备这种条件，因此，有许多理论研究的成果在一定程度上并不符合中小学教育实际，是尚待实践检验的"毛坯"，还需要真正的"当事人"——身居第一线的教师来论证其可行性，提出修正意见。

正是基于以上认识，我们认为，第一线的中小学教师在选择科研课题的时候，不妨多一些发散思维、逆向思维，对似乎已有公说、定论的东西，包括对所谓的权威理论，多持批判的眼光、怀疑的态度、客观冷静的思考，这样，就会发现到新的、有意义的课题。

比如对应试教育的认识，自从1999年国务院做出了"进一步推进素质教育的决定"，应试教育在理论上成了素质教育的对立面，像过街的老鼠，万恶不赦，到了人人喊打的地步。如果我们改变一下思维的角度，客观冷静地反思中国从科举制度开始的应试教育，是否应该承认应试教育也培养了人才。中国近代许多史学家、哲学家出身科举，大多数文学家也是从科举制度下走出来的。应试教育本身并没有错。不仅中国有应试教育，即使最自由开放的美国也并没有废止应试教育，不仅现在有应试教育，今后很长一段时间内，应试教育也依然会存在。关键要看考什么、怎么考。再则，看待应试教育，能不能把它看作素质教育的一个侧面。素质能力中就包含了应试能力，它是素质能力的体现。我们承认，具有较强应试能力的人不一定具备各方面的素质。但是，我们也必须承认，一个各方面素质都很好人，应试能力一定不会差。问题的根源不在"应试"两个字上，而是在我们考试的目的、题型、难度、题量是否合理的问题。能这样客观冷静地唱唱"反调"，是不是就能少一点极端，多一点辩证法呢？

再如，"学生为主体，教师为主导"的提法出现后，也是众口一词，事实上已经成为一种影响很大、很广的理论导向。倘若用怀疑的态度追问一下，至少有两点值得研究：其一，这个提法在理论上是自相矛盾的。在教学活动中，教和学是对立统一的关系。如果学生是主体，那么，教师只能作为客体存在；如果教师是主导，那么，学生只能处于顺从地位、被动地位。这两句话怎么能够同时成立呢？其二，即使不追究理论层面上的自相矛盾，我们也无法在操作层面上实施。那些"完全"由学生"自主"活动的公开课，在公开之前，你知道教师"主导"了多少次吗？如果遇事都能客观冷静地想一想，该有多少课题是值得研究呢？

随着二期课改的开展，教育界又出现了新的研究课题，即关于研究性学习和研究型课程。这个课题对素质教育无疑是有价值的。但是，什么才是研究性学习和研究型课程呢？人们是不是认真冷静地思考过？对目前全国上下迅速掀起的组织学生写论文的做法持什么态度，顺向的思维是唯恐落后，追"风"不止，甚至，有的小学也立即组织学生写小论文，出论文集（这使人很自然就联想起1958年全民写诗的荒谬）。逆向思维如何思考这个问题呢？何不理性地作一些社会调查，了解一下中小学生论文写作的可行性（从时间、信息来源、教师指导诸多方面）和实效性；何不研究一下培养学生的研究能力，是不是仅有写论文这个唯一的途径，有没有更重要、更有实效的方法和手段。对这些问题的思考，都可以成为教师教学研究的课题。

以上三个课题的来源，均是重要来源，此外还有更多的来源。我们或许可以套用罗丹的名言：课题是随处可见的，对于我们的眼睛，不是缺少课题，而是缺少发现。

第二节　科研选题的原则

选择课题，需要怎样的眼光呢？我们认为，至关重要的是明确并遵守选择课题的三个原则：价值性原则、创新性原则和可行性原则。

一、价值性原则

教育科研课题是在教育领域内专门探讨学术问题，反映教育教学研究成果的。无论是选择教育的某一环节，还是教学过程的某一点；无论是教师教育教学规律的探究，还是学生学习方法的归纳总结；无论是学科理论研究，还是教学方法的探讨；无论是鸿篇巨制的论述，还是点滴思想火花的闪烁，都应该是有意义、有价值的，都必须能促进青少年全面发展，有利于建构中国特色教育的大工程。

正确贯彻价值原则，就要处理好理论价值与应用价值的关系。

首先要考虑课题的应用价值即选择的科研课题应当是当前教改实践中最迫切、最亟待解决、最关键性的问题。也就是说，这一课题的研究成果将有助于问题的解决。

20 世纪 70 年代，联合国教科文组织提出了"学会关心"的命题。这一命题的提出，便引起全世界教育界的普遍关注。人们意识到，教育要为未来社会培养人才，就必须使新一代从只关心自我的圈子里跳出来，学会关心全球的生活条件，关心社会和国家的经济、生态利益，关心真理、知识和学习，关心他人，关心家庭、朋友和同行，关心其他物种，关心自己和自己的健康。于是，"让学生学会关心"便逐渐成为基础教育改革的主题之一，成为许多学校的办学宗旨。

怎样使学生学会关心呢？至少有一个先决条件，就是要使学生"学会关心",教师先得"关心学生"。但是,教师发现,现在的学生,哪怕是年纪很小的学生,对事物的敏感往往出乎人们的意料。有些"献爱心"活动,被关怀者并不领情,甚至还引发"反感",教师的"好心好意"常常不能被学生理解,反而招来一大堆意见。到底如何"关心"学生,学生需要怎样的"关心",问题并不简单。教师这才意识到,"关心学生"是一个需要重新学习、重新研究的新问题。有些学校对这些现实存在的问题进行深入研究,从教育实际出发,把"学会关心学生"作为一个教师继续教育的课题提出来。我们认为,这一课题是引导学生"学会关心"的关键,比"学生学会关心"更带有根本性质,因而也就具有更大的实用价值,类似这样的选题才能获得社会的承认,一旦取得研究成果,就能有效发挥科研对实践的推动作用。

选择课题的价值原则,还体现在理论价值方面。

吕叔湘先生在 1985 年指出:"凡是经常钻研一种事物的人,很容易就事论事,把注意力局限在许多具体的问题上。如果能够稍微拿出点时间来,站远些,站高些,对所钻研的事物的整体作一鸟瞰,包括它的背景与前景,一定能获得对那个事物的更通达的理解,能够按照实际的、长期的而不是表面的、短期的需要安排自己的钻研力量。"吕先生的这番话语重心长,不仅阐明了应用研究与理论研究的关系,指出了理论研究、总体研究的重要性,而且道出了第一线的普通教师从事科研时的常见病。

目前如果我们在确立选择课题时,有明确的追求理论价值的意识,那么,课题不仅会有利于实际问题的解决,推动教育实践的进步,而且能有利于中国特色社会主义教育科学理论体系的自身构建与发展。在这一方面,于漪老师为我们做出了榜样。毫无疑问,今天的于漪已经是教育界的泰斗了,但她曾经也是一名普通的中学语文教师。在她几十年从教生涯中,始终是应用性研究和理论性研究同时进行着。例如,她从语文教学的实践中深刻认识到,语文学科的性质绝对不能等同于外语学科,因为这是母语。凡是母语,就一定不仅具有工具性,而且承载着文化,具有鲜明的人文性特征。于是她以自己无数的教例作为论据,以中外历史文化作为考察背景,以马克思主义哲学作为指导,对语文学科的人文性进行了深入的研究和阐释。目前,这一理论已成为教育界的共识，写入了新的语文课程标准，对语文学科的自身理论建设起了重大作用。

于漪的这一例子同时也证明，应用价值与理论价值是密切相关的，我们既要改变大学里的专业科研工作者囿于理论研究与国外理论的学习引进，不深入中小学的情况，也要改变中小学教师往往热衷于应用性研究，如教材分析、教案设计等，而忽视理论研究的情况。尤其在今天社会转型期的教育，要与时俱进，与时同变。值得研究的理论问题层出不穷："人文教育与科学教育""教育产业与教育产业化""民办教育""研究性学习与研究型课程"等等。对于这些问题的研究，也许理论价值要大于应用价值，不能不引起我们身在第一线教师的关注。

二、创新性原则

世界充满了创造力。无论哪些领域，凡是出类拔萃的人才，都是创新能量充沛、创新精神活跃的人。无论哪些领域的研究成果，都是创新的产物。我们完全可以说，没有创新精神，社会就不会发展，人类就不能前进。创新是一切科学研究的灵魂，创新性原则也是教育科研的灵魂。具体而言，创新就是言他人所未曾言，行他人所未曾行。拾人牙慧，人云亦云，当然不是创新。

创新性无疑是衡量科学研究论文价值的根本标准。实现创新性，不仅要有厚实的理论基础，还要有良好的心理素质。诺贝尔物理学奖获得者丁肇中在《科学发现的几点体会》一文中讲过的四点，对于人们追求和实现创新性原则，很有启示意义。

他的第一个体会是："不要盲从专家的结论。"文中写道：20 世纪 70 年代，人们公认所有的基本粒子是由三种夸克组成的。丁肇中偏偏要找新的夸克，这在当时被认为是不可能的，有条件做这种实验的科研机构都向他关上大门，而丁肇中没有灰心，最终通过实验，发现了新的夸克，他胜利了。成功的基本经验之一,就是不盲从。

他的第二个体会是:"对于自己应该有信心,做你自己认为是正确的事情。"

由以上两点引出第三个体会:"一个天才和一个神经不正常的人的距离是很小的。"他的意思是说,神经不正常的人思维是混乱的、反常规的,当然这是病理的原因;而天才的思维总是超常的,总要与众不同,否则,也不称其为天才。"超常"某种程度上也属于反常,因此,在现象上,天才与神经不正常几乎没有区别;正由于反常,他们不能被社会大多数认同和接受。要创新,没有超常的思维是不行的。

他的第四点体会是:"要实现你的目标的话,最重要的是要有好奇心,对自己所做的事情有兴趣,不能因为别人反对你就停止,而且,你对意外的现象要有充分的准备。"也就是说,目标选定之后,就要有百折不回的精神,要坚决进行到底。

有了以上的心理素质和一定的专业理论基础,追求和实现选题的创新性才有可能。

另外,在确定选题时,应充分查阅文献资料和涉足各种信息渠道,了解是否已经有人对同样课题研究过或正在研究,以免选题雷同。

创新,如果是开辟新领域,当然最好的。不过,能从新的角度或新的高度对原有的结论加以重新认识,也属于创新。

三、可行性原则

可行性含有两层含义,一是具有现实性,即选题是当前教育教学中亟须解决的重要问题,其研究成果能切实有助于这些问题的解决。比如,久盛不衰的学生"减负"问题,在执行中其实漏洞很多。有的地方出现回潮现象,甚至变本加厉。症结在哪里?有人认为,"减负",只要减少了学生的作业数量,就算完成了任务,这是大谬不然的。对"减负"问题的思考,不从深层和全局去找原因及其出路（如教育观念问题、教育体制问题、师资水平问题、教学方法问题等等），即使硬性出台一个相关政策规定，也是无济于事的。可行性必须建立在对客观现实的切实把握和有针对性的解决方案的基础之上。

二是研究者自身的可行条件。首要条件是研究者对课题有强烈、浓厚的兴趣。缺少这个基本动力，研究者的研究工作很难坚持到底，也难以生发新思维。其次是适合研究者的专业特长，即具有对某一课题充分的研究能力。第三，选题角度和范围要恰当，切忌好高骛远，贪大求全。最好大题做小，广题做细。韩非所言"天下之难事作于易，天下之大事作于细"（出自《喻老》），指的就是这个意思。

第三节　科研课题的类型

如果选题原则是对应科研论文的评估标准，那么，课题类型则是科研论文的层次问题。教育研究方面的课题大体上可分为以下三种类型。

一、基础性研究课题

这类课题着眼于教育现象及过程的基本规律的把握，涉及面广，较多地开拓新的领域或向新领域延伸。致力于新的理论建树，论文的理论含量相对大得多。因而其研究的难度也大得多。一般来说，身兼教育行政工作者的教师，研究这种类型的课题比较适宜。

基础性研究课题较为宏观，有一定的理论高度。它不一定能够立竿见影地解决实践中的具体问题，但提出的论题和论点，揭示的规律，有助于人们从正确路径去思考实践中存在的难题，从而解决这些难题。

例如，著名文艺理论家、已故北京师范大学教授童庆炳先生的论文《语文教学改革的哲学思考》[1]就是这类论文中十分出色的一篇，其中对"语文教学改革需要什么哲学根基"这一问题，是这样论述的：

任何学科和专业都需要有自己的哲学根基；没有哲学根基的学科和专业肯定是不存在的。不论自觉不自觉，目前语文教学和教材中所反映的上述情况，肯定隐含了某种哲学背景。今天我们正在进行的语文教学改革也需要哲学思想的指引。那么，以前的语文教学的哲学背景是什么？今天我们进行语文教学改革又需要什么哲学根基呢？

根据我个人有限的理解，从哲学的文化类型上说，现今世界上有两种哲学：一种是认识论哲学，一种主要是存在论哲学。什么是认识论，什么是存在论，这纯粹是哲学问题。我这里不准备也没有可能把两种哲学讲清楚。我只是用举例的方式，简要地让读者了解这两种哲学的不同，以及它们跟语文教学改革的关联。存在论产生于古代。在西方，从古希腊的哲人赫拉克利特那里，存在论就开始萌芽，在他那里是作为哲学本体论提出来的。但后来衰落了，被新兴起的哲学认识论所取代。认识论哲学源于古希腊柏拉图和亚里士多德的传统。它的理论基础就是主体与客体的分离与对立。人是认识世界的主体，周围的世界则是认识的客体，其基本的理论假设是事物有现象与本质、个别与普遍、具体与抽象、感性认识与理性认识之区分，并认为通过现象可以认识本质，通过个别可以认识普遍，通过具体可以获得抽象，通过感性认识可以升华为理性认识：二元对立成为认识论的基本特征。认识论哲学的本质是知识论，人可以通过对周围世界的认识，通过对事实的分析与综合，通过逻辑判断、推理、证明和证伪等，获得一切知识，解决一切问题。认识论折射到文学问题上面，就是模仿论（复制论、再现论、反映论）流行，通过模仿对象世界获得对对象世界的认识，典型形象就是通过个别认识一般的典范。所以西方文学理论的经典是模仿论和其后发展出来的典型论，它统治了西方文学发展达一千多年。认识论哲学发展的主要成果是西方现代科学技

---

[1]　载《语文建设》，2003年第8期。

术获得突飞猛进的发展，从而给人类既带来无尽财富又带来无穷弊病的现代工业社会。直到以科学主义为主要特征的工业的弊端，终于给人类自身带来灾难（如拜物主义、拜金主义以及环境污染、现代战争等），人们才开始怀疑认识论哲学是不是就是唯一的哲学。于是，所谓的存在论哲学应运而生。妥斯托耶夫斯基、尼采、里尔克、卡夫卡、雅斯贝尔斯、海德格尔、萨特等作家、思想家开辟了哲学存在论的新方向。与认识论不同，存在论主张以人为本，世界唯一的存在是人，而不是物。海德格尔说："存在的东西叫作人。只有人才存在。岩石只是'有'而不是存在。树木只是'有'而不是存在，马只是'有'而不是存在，上帝只是'有'而不是存在……"尽管各派存在论有很大不同，但存在论以人为中心，关切人自身，则是共同之点。存在论抵制现象与本质、个别与一般、具体与抽象等二元对立的思路，认为东方尤其是中国古代文化的"天人合一""主客消融""物我两忘""物我同一""物我互赠""情景交融"等更符合人的生存本相。在掌握世界的路径上面，与认识论只相信事实、逻辑、判断、推理、证明、分析、综合等不同，存在论更相信人的感受、体会、直觉、体验、感兴、想象、领悟、意会等等。在文学问题上，存在论摒弃模仿论，而主张显隐论。模仿论关心的是模仿得真不真，显隐论关心的是形象背后隐在的蕴含。在言语表达上面，与认识论的言必尽意的看法不同，存在论相信人的世界博大而深厚，往往言不尽意。

　　中国古代文化所隐含的思想也可以说是存在论的故乡。值得庆幸的是这一传统始终没有中断。古代道家的"道"，就是一个存在论的根本。庄子的"与天地万物相往来"可以视为存在论的箴言。《庄子·秋水》篇中，庄子作为主体与鱼融为一体，知道儵鱼出游之乐，主客体在这里达到了合而为一，这可视为海德格尔神往的"诗意地栖居"，可以视为存在论所追求的境界。"白云抱幽石，绿莜媚清涟"（谢灵运），"相看两不厌，只有敬亭山"（李白），"感时花溅泪，恨别鸟惊心"（杜甫），"春蚕到死丝方尽，蜡炬成灰泪始干"（李商隐），"野桃含笑竹篱短，溪柳自摇沙水清"（苏轼），"日暮北风吹雨去，数峰清瘦出云来"（张耒）……这些诗句可视为存在论的诗意范本。毫无疑问，认识论倾向于科学与技术，存在论则更倾向于人文的审美与诗歌。

特别值得注意的是，认识论和存在论对人的世界的提问与回答也是不同的。譬如，人的饥饿问题，认识论的提问是：人为什么会饥饿？其回答则是从人的生物机体需要的角度，即从生物学的观点来加以解释，在这解释中会有科学的实验、事实的说明，还有判断、推论、分析、综合、证明等。存在论的提问可能是：人在饥饿时的体会是怎样的？其回答就无法通过判断、推论、分析、综合、证明等，必须是人亲自去体会饥饿，你才能知道饥饿是什么样的，而这对一个从未饥饿的人来说，连描述都是很困难的。更进一步说，对于同一事物，认识论和存在论的观点是不同的。认识论关注事物的"在场"方面，存在论则关注事物的"不在场"方面。假如面对大江上刮风下雨，一个航运工人和科学家与诗人所言说的东西就大不相同。工人会说：风雨太大了，航行受阻，要耽误时间。科学家说：刮风下雨是气流运动导致的结果。而诗人杜甫则说："风起春灯乱，江鸣夜雨悬。"工人和科学家都关心"在场"的事物，可杜甫在这首《船下夔州郭宿雨湿不得上岸别王十二判官》中则关心着因为刮风下雨，不能上岸与他的朋友王十二判官相见，以至于在他的眼中觉得在风雨船上的灯不是在"摇晃"，而是"乱"。灯的摇晃怎么能说"乱"呢？原来是诗人心里乱，才觉得"灯乱"，"乱"是杜甫心里似有又无的说不清道不明的感觉，是"不在场"的。同样的道理，雨不过在"下"、在"降"、在"落"，怎么能说雨是"悬"着的呢？原来雨"悬"也是杜甫内在的感觉和体验，是隐含在背后的"不在场"的。不难理解，工人的观点、科学家的观点都是知识性的，认识论的，而杜甫的描写则是诗意的，存在论的。作为读者，我们要读懂杜甫诗的意味，如果我们采用认识论的方法去读，无论你如何判断、推理、证明，根本读不懂他的"灯乱"与"雨悬"。

文章梳理了认识论与存在论这两大哲学类型的历史渊源，从这两种哲学对人与世界的关系、对人的世界的理解等问题在探寻与认知方式上的差异，站在哲学的高度揭示出语文教学改革应坚持的方向：需要认识论，但更需要存在论；要从人的建设的高度认识语文教学的特点，而不能陷入简单工具论和科学主义的泥潭。这对于语文教学改革的良性发展无疑是具有重要意义的。

二、应用性研究课题

这类课题着眼于教育教学中各种实际问题的发现、分析和解决，其针对性强、应用性强，是一种所谓对策性的论文。毫无疑问，这类课题的研究与写作，最适合第一线的教师。只有身临其境的教师，才能对问题有强烈的感受、认识，也才能着手研究出卓有成效、切实可行的解决方案。

而且，这类课题的研究，规模不会很大，工作量因而也不会很大，对教学工作任务已够繁重的教师而言，是承受得了的。

三、发展性研究课题

这类研究课题与上述两项相比，相对地高瞻远瞩，放眼于未来的发展，更具有战略性质，更适合于专业教育理论工作者或集体合作进行研究。

第四节 案例与导读

【案例呈现】

课题名称：课堂交互行为定量研究方法的探索与实践[1]

一、立论依据

（本项研究的理论价值和实践意义，国内外研究现状分析，并附参考文

---

[1] 本课题为上海市浦东新区教育科研立项，编号：2013 一般 05。课题承担人：李晟；工作单位：上海市浦东教育发展研究院。

献、资料）

在对课堂教学进行研究时，新课程很关注课堂是以教师为中心，还是以学生为中心；教师是以指导性教学为主，还是以非指导性教学为主；学生是被动应对课堂的，还是积极参与的；课堂是封闭的还是开放的，课堂气氛是沉闷的还是活跃的。因此，对课堂中发生的各类交互行为的研究离不开课堂观察。

课堂观察是根据一定的研究需要和确定的研究目的，在确立特定的观察程序后，采用某种观察方法，凭借自身的感官（如眼、耳等）及有关辅助工具（观察量表、录音录像设备等）直接或间接地从课堂中收集资料，并依据资料进行相应研究的一种教育科学研究方法。因此，笔者思考，在课堂观察中，除了传统的质性描述外，用定量的方法能否可以很科学地对课堂中发生的各类师生互动、生生互动行为进行分析和评价，能否揭示出课堂的动力、气氛、学生的参与程度，能否给教师的课后反思和教学改进提供一定的参考，又能否从分析中发现一个教师群体在课堂交互中的独特现象或共性问题。

早在 20 世纪 30 年代，"观察"这种研究方法在许多领域的研究中就被广泛的应用。随着研究方法在各领域的迁移和融合，观察法也进入了教育研究的范畴。从 20 世纪 50 年代到 70 年代，各种观察工具被研究者们开发利用。

课堂交互行为，是课堂教学中发生的教师与学生间、学生与学生间的各类语言交流及非语言交流。

而针对课堂交互行为的观察和研究，国外学者已有不少研究成果。

美国社会心理学家贝尔思（R. F. Bales）（1950）针对社会小组活动提出了"互动过程分析"理论，研究开发了人际互动的 12 类行为编码。

美国教学研究专家弗兰德斯（N. A. Flanders）于 60 年代提出了互动分析分类体系，这种分类系统主要从课堂教学言语行为为切入点，采用一系列编码，对教师课堂教学语言行为进行分析。

鲍里奇（Gary D. Borich）对课堂教学质性研究设计了八个分析维度，即感受课堂氛围、聚焦课堂管理、探寻教学过程的清晰度、查证教学指导方式的多样化、明确教学目标定位、检验教学过程中的学生参与、评估学习的成功、培养高品质的思维能力，并以具体的操作性定义为指导，进行了高效教学研究。

古德（Thomas L. Good）（2002）在《透视课堂》一书中，通过设计和实施各种课堂观察的量表，记录教师和学生在课堂上的各种行为，研究了观察、描述、反思和理解课堂行为的方法。

对课堂教育观察的研究不仅在国外日益受到重视和发展，在我国也有很多教育教学研究工作者对此进行研究。

崔允漷是国内比较早研究课堂观察的学者。他在《课堂观察为何与何为》中详细阐明了课堂观察的目的、方法、作用。在《课堂观察：走向专业的听评课中》归纳了观察的重要"抓手"并尝试从学生学习、教师教学、课程性质和课堂文化构建这样一个课堂观察框架开展课堂观察。他认为要将观察点、面结合，需要设计好记录工具，做好有针对性的观察记录。

吴江林认为，观察工具的开发存在两大问题：一是对观察框架的利用还不够，二是死套观察框架以致不便观察、记录。

崔允漷和胡惠闵于 2005 年开发了《课堂观察手册》，为新课程背景下的中学课堂行为研究提供了一个观察、理解、描述、反省支架，为自我反思、同伴互导、教研组活动、课堂文化创造提供了一个体系。

而对课堂交互行为进行观察和研究的，国内外相关研究都较为匮乏。美国学者弗兰德斯在 60 年代提出的"弗兰德斯互动分析系统"（Flanders Interaction Analysis System，简称 FIAS）是此领域内最为著名的方法和理论。该系统将课堂语言活动分为 10 个类别，采用时间抽样的方式，每 3 秒取样一次，一节课可取 800—1000 个代码，采用互动分析矩阵法、比率分析法、时间线标记法等进行分析编码，从而对教师的课堂教学结构、教师倾向、教学风格等教学情境或行为进行有意义的分析。这种以量化的方式对课堂教学中师生言语交互行为进行统计、分析处理，客观呈现事实，避免了传统质性课堂评价的主观性和随意性，保证了教学评价的客观性和科学性。

但因 FIAS 是 60 年代的研究成果，对当前的课堂观察有明显的时代缺陷：它更重视教师的行为表现，而对学生的行为表现不够重视；它没有把课堂中信息技术的应用纳入观察与编码中；它记录的是言语行为，对非言语行为，如眼神、肢体动作等无法记录。

国内针对课堂交互行为的研究主要集中于理论思辨和定性研究，用定量方法理性研究课堂交互行为的研究相对很少。而在已有的、相对较少的定量研究课堂教学互动研究中，又集中在对 FIAS 进行改良应用。

2003 年，宁虹和武金红做了弗兰德斯互动分析系统的改进运用，包括对编码过程的改进、通过绘制动态曲线描述课堂教学过程及借助访谈等辅助手段来支持弗兰德斯互动分析。2004 年，顾小清和王炜提出了基于信息技术的互动分析编码系统（ITIAS）。ITIAS 对课堂教学互动的分类较为全面，不仅通过编码细化了师生的部分语言活动，而且他们根据新时代的教学特点，在编码中包含有信息技术支持的课堂教学，ITIAS 新增了对这类课堂教学的互动分析支持。2010 年，金建峰和顾小清对 ITIAS 进行了信息技术环境下用于课堂教学行为的应用研究，实践证明 ITIAS 这种改良型的弗兰德斯互动分析编码系统在科学性和实验性上对当前课堂教学行为分析及改进具有较好的作用。2011 年，马丽从交互式电子白板、互动反馈系统、网络等互动技术的角度出发，形成了一套课堂互动技术系统下的课堂交互行为编码表。

而笔者认为，无论是弗兰德斯的互动行为分析系统，还是诸位学者对其进行改良的分析系统，它依然存在一些不足：

1. 它对教师提问的"学科内容"记录不足，如提问的难度、提问的教学目的、连续几个问题间的联系与关系等；

2. 它对提问的有效性缺乏关注，如提问的覆盖率、学生的参与度、提问的措辞，或交流遇阻时，教师提问的层次是否接近学生的最近发展区等；

3. 它对问题的性质记录不足，如教学提问和非教学提问、启发性问题和灌输性问题，形式性问题和实质性问题，引导性问题和控制性问题等；

4. 它无法跟踪提问后的候答时间，无法记录学生的思考状况；

5. 它对提问所处的课堂教学环节缺乏记录。

因此，为解决弗兰德斯互动行为分析系统的不足并对之进一步改进，笔者首先要搭建一种课堂交互行为的观察框架，在此框架基础上开展对课堂交互行为的定量研究。这种观察框架计划在弗兰德斯互动分析系统的基础上纳入以下观察点：

1. 教师提问的学科特性和内容性质，如提问的教学目标达成目的、提问的难度、提问的有效性、问题的启发性或提问技巧，追问状况等；

2. 教师提问的对象信息，如提问的受众是全体学生，还是小组，或者是单一学生；

3. 教师提问的候答时间及回答反馈，如表扬反馈、中性反馈、无反馈等；

4. 学生互动的信息，如学生发问信息、学生间互动交流等。

有了这样的观察框架后，笔者就可以创新"课堂交互行为"的定量研究方法。这种定量方法的整个流程为：课堂观察→观察记录编码→定量分析→形成课堂交互行为观察报告。

本研究的实践意义：

当前区域教育科研中，中小学教师大多进行的是实践研究，而对"研究方法"本身的研究相对较为匮乏。作为区域教育研发机构的教师，理应成为"研究理论"和"研究方法"的先锋，对适合中小学教师应用的"科研方法"或"操作性工具"进行研发。

而本研究虽是"研究方法"的研究，但并非一味注重理论研究，而是更强调"研究方法"的应用和实践。因此，笔者研究中探索"研究过程"和"研究方法"的不仅仅是对"研究方法"的证实过程，也是一次定量研究过程的实践过程。基于这样一套课堂观察规则、记录工具和定量分析方法在这些案例上的应用，一方面证明这种研究方法是教师理性反思、精细化研究课堂教学的有效方法，是一线教师可以在日常教学中就能使用的便捷易用的方法，同时也是学校教研组、教研员及教育研究人员反思课堂教学、研究教育现场的有力工具和方法，另一方面也是"研究方法"的"落地"，使教师能直观地面对"研究方法"和"研究过程"，对教师有很高的参考价值。

参考文献：

[1] Flanders Ned. Intent, Action and Feedback：A Preparation for

Teaching［J］. Journal of Teacher Education，1963，3（14）：25—260.

［2］Flanders Ned. Analyzing Teacher Behavior［J］. Educational Leadership，1961，l19（3）：175—176.

［3］Amidon EJ and Hough JB. Interaction Analysis：Theory，Research and Application［M］. Massachusetts：Addison—Wesley Publishing Company，1967.

［4］宁虹，武金红. 建立数量结构与意义理解的联系：弗兰德斯互动分析技术的改进运用［J］. 教育研究，2003（5）：23—27.

［5］顾小清，王炜. 支持教师专业发展的课堂分析技术新探索［J］. 中国电化教育，2004（7）.

［6］金建峰，顾小清. 信息技术环境下课堂教学行为的分析研究［J］. 中国电化教育，2010（9）.

［7］马丽. 基于课堂互动技术系统的课堂互动教学的案例研究［J］. 科技信息，2011（10）.

［8］张露丹，汪颖，潘玉霞. 信息技术专家教师课堂教学特征案例研究：基于弗兰德互动分析系统［J］. 课程与教学，2011（7）.

［9］鲁杰. 基于弗兰德斯互动分析法的课堂定量分析［J］. 中国科教创新导刊，2012（1）.

［10］李云媛，唐振贵. 基于弗兰德斯互动分析系统软件 ET Toolbox FIAS 2011 的设计与实现［J］. 中国教育技术装备，2011（33）.

［11］罗晓杰，王雪. 专家—熟手—新手教师高中英语阅读课课堂互动比较研究［J］. 课程·教材·教法，2011（12）.

［12］任峰. 弗兰德互动分析系统在中学化学课堂观察中的应用［J］. 化学教学，2011（7）.

［13］马翠. 数学问题教学中师生交互的研究［D］. 2012.

［14］荆玉球. 小学英语教师教学语言的课堂观察研究［D］. 2009.

［15］刘丽君. 中美化学教师同题异构课个案比较研究［D］. 2011.

［16］毛剑锋. 思想政治课课堂观察的教学实践研究［D］. 2011.

[17] 李洁. 课堂行为观察: 学生学习过程的评价方法 [J]. 江西教育, 2005 (2).

[18] 朱跃跃. 依据价值标准的评判课堂观察 [J]. 上海教育科研, 2008 (8).

[19] 杜丽鸿. 课堂观察为教学反思提供客观依据 [J]. 北京教育 (普教版), 2010 (4).

[20] 夏维波. 课堂观察应避免科学主义的误区 [M]. 长春: 吉林教育出版社, 2009, 3 (1).

[21] 沈毅, 崔允漷. 课堂观察: 走向专业的听评课 [M]. 上海: 华东师范大学出版社, 2008.

[22] 周彬. 课堂密码: 对课堂教学的深度思考 [M]. 上海: 华东师范大学出版社, 2009.

[23] 王晓梅. 课程改革中的课堂师生互动: 来自酒泉市基础教育课程改革实验班的调查研究 [D]. 2003.

[24] 教育部基础教育司. 全日制义务教育数学课程标准解读 [M]. 北京: 北京师范大学出版社, 2002.

[25] 李化友. 新课程理念下中学数学课堂互动教学模式初探 [D]. 2005.

[26] 李松林. 论教学研究中的教学行为分析方法 [J]. 首都师范大学学报 (社会科学版), 2005 (1).

[27] 陈瑶. 课堂观察指导 [M]. 北京: 教学科学出版社, 2002.

二、研究方案

(方案包括: 研究目标、研究内容、研究方法、研究过程、本项目拟解决的关键问题和特色创新之处)

本项课题的研究目标是: 基于弗兰德斯交互行为分析系统, 结合当前课堂教学研究的现状与实际需要, 探索制定一套"课堂交互行为"的课堂观察框架和记录工具, 并基于此框架, 探索以定量分析为主的课堂交互行为分析与研究方法, 最终通过实证证明, 应用此套课堂观察框架、定量地研究"课堂交互行为"，对拓展中小学课堂教学研究途径、提高课堂观察者的观课效率、促进教师理性自我反思、使教育教学研究人员科学理性地分析教学现场都是具有指导意义的。

研究内容：

（一）课堂交互行为的理论要素

1. 传播理论

2. 建构主义理论

3. 信息加工理论

（二）课堂观察概述及已有分析方法

1. 课堂观察的内涵、特点及意义

2. 已有分析方法综述

3. 弗兰德斯课堂交互行为分析系统及其优劣

（三）课堂交互行为观察框架的探索

1. 课堂交互行为的主要要素和观察分析的要点

2. 基于FIAS系统理论的系统再改进

3. 基于再改进系统，设计新的课堂观察框架

4. 基于课堂观察框架，设计和开发课堂观察记录工具

5. 基于课堂观察框架和观察工具，设计课堂分析方法和工具

（四）定量研究课堂交互行为——以小学数学课堂观察数据为例

1. 基于一堂小学数学课的交互行为定量研究

2. 基于同课异构的小学数学课的交互行为编码及其定量对比研究

3. 基于20节小学数学骨干教师教学课的交互行为的实证研究

（五）总结

1. 总结本研究的课堂交互行为研究方法的特色与成效

2. 总结本研究的课堂交互行为研究方法不足和待改进之处

研究方法：

文献法、定量分析法、个案研究法

拟解决的关键问题：要把定量方法"通俗化"和"泛用化"，即一般老师

也能够使用此研究方法开展课堂研究，因此观察记录工具和记录软件的设计具有重要意义，"定量分析过程"和"定量分析方法"的应用过程应该通俗易懂。

研究过程：

研究的过程如下：理论研究—提出假设—检验—验证结果

第一阶段：2013 年 11 月—2013 年 12 月，文献研究，理论研究。（理论研究）

第二阶段：2014 年 1 月—2014 年 3 月，观察框架和定量方法设计。（提出假设）

第三阶段：2013 年 4 月—2014 年 6 月，观察记录辅助软件的设计与开发。（提出假设）

第四阶段：2014 年 7 月—2014 年 12 月，20 节小学数学课堂教学实录的观察数据录入。（检验）

第五阶段：2014 年 7 月—2015 年 3 月，完成单节课、同课异构课和 20 节骨干教师课的课堂交互行为定量分析报告，总结和评价此观察框架和研究方法的优劣，并提出改进思考。（检验、验证结果）

第六阶段：2015 年 3 月—2015 年 6 月，完成课题的总结。

特色与创新之处：

特色：研究的成果形式具有丰富性和多样性，如论文形式、课堂观察记录工具、观察记录辅助软件、课堂观察数据库，课堂交互行为定量分析报告。（三类分析方法）

创新：本研究虽为"研究方法"的研究，但研究思路主要围绕"提出研究方法的假设"后"验证假设"，"验证假设"后应用"研究"。而重点在于通过案例研究来"验证假设"，同时"验证假设"的过程其实也是"研究方法"的一次"落地"实践，是将笔者所提出的研究课堂交互行为的"研究方法"的实践性应用，虽不能称之为"范例"，但应对一线教师的课堂教学理性反思有实践指导意义。

三、完成研究的条件分析

（包括现有的研究工作基础、研究的外部条件、课题组人员结构、研究经费、设备等）

1. 现已积累了一些本研究所涉及理论的相关文献研究，如课堂观察的研究、课堂交互行为研究、弗兰德斯交互行为分析系统及其改进系统、课堂提问研究等。

2. 已收集了大量的小学数学课堂教学视频，可以根据研究需要对其进行抽样选择，作为个案分析和演示的研究对象。

3. 课题主持人具有较强的教育研究能力，熟悉小学数学教学，对课堂观察有一定研究，擅长定量研究，并具有一定的软件设计与开发能力。课题组成员均为高级职称，包括教育研究的专家、小学数学教学专家和一线教师、信息科技专家。

四、成果形式

（包括阶段成果形式、最终成果形式、最终完成时间）

1.《课堂交互行为的理论分析》，论文形式，完成时间：2013 年 12 月

2.《课堂交互行为观察框架的设计》，论文形式，完成时间：2014 年 3 月

3. 课堂交互行为观察记录辅助软件，软件形式，完成时间：2014 年 6 月

4. 小学数学课堂教学的编码与整理，数据库形式，完成时间：2014 年 12 月

5.《课堂交互行为的定量研究实践——以一堂小学数学课为例》，论文形式，完成时间：2014 年 9 月

6.《课堂交互行为的定量研究方法在同课异构课中的实践研究》，论文形式，完成时间：2014 年 12 月

7.《骨干教师与新手教师课堂交互行为的现状研究》，论文形式，完成时间：2015 年 3 月。

8.《课堂交互行为定量研究方法的探索与实践》，论文形式，完成时间：2015 年 4 月。

9. 课题结题报告，课题报告形式，完成时间：2015 年 5 月。

五、课题经费预算

……

【案例导读】

课程改革实施到今天，逐渐进入深水区，对于课堂的研究，也逐渐由对理念的宣讲进入到对课堂内部技术和操作层面的思考和探索。

李晟老师的这一课题，着眼于课堂之中师生之间、生生之间的交互行为进行定量研究，便是建立在对新课程强调以学生学习为中心、以学生活动为主要方式，以活跃而有效的课堂学习为主要取向的教育教学理念基础上的。这一课题，旨在借助弗兰德斯的互动行为分析系统，对一些经典课例中课堂师生互动行为进行教育统计学意义上的计算，从中发现一些规律性的东西，并通过研究，开发相应的课堂观察技术工具，如课堂观察统计图表、课堂观察统计 App 等，以方便教师在日常开展教学研究时，能够快速便捷地收集课堂信息，做出基于事实、证据和数据的判断，促进教师的理性反思和教学研究的精细化，纠正传统课堂观察单纯依靠定性评价而导致的主观、随意甚至失实的弊端。可见，这一选题，基于教师对教育研究现状和发展趋势的判断，基于教师日常研究的现实需要，是真研究，因此也是有价值、有创新性的研究。

之所以呈现这样一个案例，除了引发读者对如何选择科研课题、如何把握科研选题的原则等问题的思考之外，还有一个意图，就是以此为例，让仍没有科研经历的读者知道，当我们确定了科研课题后，应该从哪些方面来撰写课题申请书。

从案例中我们看到，课题申请书除了一些关于课题申请者的自然信息之外，主要包括四个部分，即立论依据、研究方案、条件分析、成果形式。

一、立论依据

　　这一部分主要是提供选题的依据，并对课题的科研价值进行充分论证。也就是说，要在这部分向课题立项单位证明，选题是建立在对已有成果充分研究与掌握基础上，因此不会简单重复别人曾经做过的研究，不是做无用功，而是会有所发展，有所深化，或者将别人曾经做过的研究往前更推进一步，或者拓宽已有研究的领域，甚至是填补该项研究的空白。课题申请书之所以要求对与选题相关的国内外研究现状进行必要的文献研究，其意义就在于此。

　　此外，还要联系当前理论研究的现状和教学实践的需要，把选题的理论价值与实践价值充分揭示出来，从而让课题立项单位认识到，课题是有意义的，对于促进教学的改进、教育质量的提高，或者在教育理论的创新和发展方面，有不可替代的独特价值。

　　在"课堂交互行为定量研究方法的探索与实践"这一案例中，李晟老师在文献综述上作了很扎实的工作，对课题的理论价值和实践价值也做了恰如其分的准确定位和清晰揭示。

二、研究方案

　　这一部分要求课题申请者从研究目标、研究内容，到研究方法和研究步骤的框架都要有具体、清晰的设计和整体的规划。因此，申请课题时，对于申请书上要求的内容，要思考成熟，并按照要求逐项地写清楚。从某种意义上来说，写得越详细、越清楚越好，尤其是研究内容和研究步骤。因为写得越清楚，说明准备得越充分，完成课题的把握就越大。如果研究目标模糊不清，研究内容笼统空泛，研究方法语焉不详，研究过程缺乏规划，或者是缺乏可操作性，难以落实，那么要想顺利通过立项，无疑就是痴人说梦了。

我们看到，案例中的研究方案和目标非常清晰：①探索制定一套"课堂交互行为"的课堂观察框架和记录工具，②探索以定量分析为主的课堂交互行为分析与研究方法，③证明应用此套课堂观察框架定量研究"课堂交互行为"的实践指导意义。三个目标分别定位于工具的开发、方法的研究和实践价值的证明，具有明确的指向性和可检测性。其研究内容很具体，与研究目标之间具有很高的匹配度，研究过程具体详细，具有很强的可操作性。（案例在前，不再重复。）

三、研究条件

这一部分，要从已有的研究基础、课题组人员结构等内部条件，研究经费、课题资源、研究环境与设备、经费保障等外部条件，进行必要的陈述，目的是向课题立项单位证明，该课题的实施和完成具有充足的保障，不会半途而废，把课题研究做成"烂尾工程"。

四、成果形式

研究成果是课题结题时需要完成的课题产品，形式可以是论文、论著，也可以是研究工具，或者其他的科研产品。但与课题的研究目标和研究内容相一致，另外还要考虑到实现的可能性，既不能空而少，也不能过于贪大求多。

该案例所列的成果形式，有过程性成果，如以数据库形式呈现的"小学数学课堂教学的编码与整理"；有阶段性成果，如"课例研究"等论文；有终结性成果，如"结题报告"和《课堂交互行为定量研究方法的探索与实践》论文。从成果类型来看，有理论性的成果，如各种论文，有产品类成果，如"课堂交互行为观察记录辅助软件"。这样的成果形式，使得研究表现出充实、丰满的特点，对研究内容的呈现度和研究目标的达成度，提供了非常有力的支撑。

至于"课题经费预算"等事项，则属于事务性、技术性问题，在此不再赘述。

第三章

博观约取　慎思明辨
——教师的科学研究之"研究方法"（上）

任何课题的提出、构建与完成,都必须面向现实,植根于实际,从中寻求新的发现与提炼出独创的见解来,这就不是仅仅在办公室翻阅资料所能济事的。科学研究必须深入到实际工作中,必须深入到与理论研究有关的群体中,还必须遵循严格的科学规律开展工作。不如此研究便不能达到理想的效度和圆满的结果。所以,研究方法不仅仅具有方法论上的意义,它本身就体现了一定的科学原理、原则、规律和特征。

教师从事科学研究,对于研究方法,不仅是熟悉而已,还需要熟练地掌握它们。

第一节 文献研究法

一般来说,科学研究需要充分地占有资料,进行文献调研,以便掌握有关的科研动态、前沿进展,了解前人已取得的成果、研究的现状等。这是科学、有效、少走弯路地进行任何科学研究的必经阶段。从教育科学研究的过程来看,文献法在科学研究的准备阶段和进行过程中,经常要被使用。没有一项教育科学研究是不需要查阅文献的。

文献研究法属于非接触性的研究方法。没有继承和借鉴,科学不能得到迅速的发展,决定了人们在研究先前的历史事实时需要借助于文献的记载,在发展科学领域时需要继承文献中的优秀成果。现代科学研究不仅需要以人与人之间协作为条件,同样需要以前人的研究劳动成果为条件。利用科学文献是实现利用"前人劳动成果"的重要措施和方法,也是促进和实现"今人的协作"的条件和基础。

一、文献研究法概述

对现状的研究,不可能全部通过观察与调查,还需要对与现状有关的种种文献做出分析。所谓文献是指记录知识的一切载体，包括图书、报刊、会议资料、各种文件、学位论文、科技报告、专利文献、磁盘、光盘及各种音像视听资料、微缩胶卷、胶片等。通过搜集、鉴别、整理文献，并通过对文献的研究形成对事实的科学认识的研究方法，称作文献研究法。

文献研究法是一种古老、而又富有生命力的科学研究方法。它能够帮助研究者根据一定的研究目的或课题需要，通过查阅文献来获得相关资料，全面地、正确地了解所要研究的问题，从中发现问题，找出事物的本质属性。

文献研究法是课题研究中最常用的方法，几乎所有的课题研究，都要先进行文献研究。现代社会是信息化社会，信息呈几何级数涌现，许多问题可能有人已经研究过或者正在进行研究。如果我们选定的课题是别人已经研究或正在研究的，那么，我们就是在做重复劳动，可能会徒劳无功。在确定课题前，先就相关问题查阅大量资料，对该问题研究的历史、现状、前景，有全面的了解，从中发现存在的问题或不足，进而确定自己的研究课题。这样就等于站在了巨人的肩膀上，课题研究才会少走弯路。即便在课题实施过程中，也随时需要用到文献研究方法。

二、文献资料的搜集

（一）文献资料的搜集渠道

1. 购　买

要了解最新的研究成果，如果图书报刊获得渠道比较畅通，资料经费又比较充足的情况下可以考虑采购。可以到新华书店、购书中心、书刊资料中心查阅和订阅，或到大型图书展、有关书店购买。

2. 借 阅

可以到图书馆、档案馆、博物馆，社会、科学、教育事业单位或机构借阅。学校、公共服务社区往往都建有图书馆，我们可以去借阅相关图书资料。在图书馆搜集研究文献的方式主要有两种：检索工具查找方式和参考文献查找方式。

检索工具查找方式指利用现成（或已有）的检索工具查找文献资料。现成的工具可以分为手工检索工具和计算机检索工具两种。手工检索工具主要有目录卡片、目录索引和文摘。

参考文献查找方式又称追溯查找方式，即根据作者文章和书后所列的参考文献目录去追踪查找有关文献。

3. 咨 询

向与课题研究方向相关的资深教师或专家学者请教，请他们开列书单，推荐图书、杂志，以便更快捷有效地获得已有的研究成果和学术动态。还可以利用参加学术会议、有学术因素的社会交往的机会获得与课题有关的资料和信息。

4. 网上查阅

许多信息在网上都可以查到，可以到网上免费图书馆查阅，还可以到网上期刊数据库，如中国知网、万方数据知识平台等查阅，也可以用搜索引擎搜索，还可以到研究性学习网站查阅，也可以到 BBS 论坛发求助帖子，请他人帮忙。

在网络上查阅搜集研究资料，一般采用关键词查询的方法。在普通网页上查找资料，最常用的就是利用搜索引擎进行资料检索，这也是最简便有效的方法。常用的搜索引擎有百度，搜狗等。在网络期刊数据库中查阅文献资料，可以使用数据库自身提供的搜索工具。比如"中学物理教学渗透德育教育的有效途径"这一个课题，可以在搜索引擎的"主题"栏中输入"物理教学""德育""途径"这三个关键词，相关的研究文献就会通过数据库自动筛选出来。

（二）文献资料的搜集方法

1. 顺查法

从课题相关内容的研究开始的时间为起点，逐步推进到当前新出版的文献。这样比较费时间，但可搜集到较全面的文献资料，有利于了解课题研究的全过程，多用于范围较广，所需文献系统全面、复杂的研究课题。

2. 逆查法

从当前的文献逐年回溯过去的文献，直到满足需要为止，多用于新课题研究的文献搜集。

3. 抽查法

选择某课题领域发展迅速、研究成果较多的时期进行重点检索，以节省时间。一般多用于时间紧张的小型项目研究，容易漏检。

4. 追溯法

利用手头的文献所附的引文注释和参考文献目录作为线索，逐一追查原文，再从这些原文所附的参考文献目录逐一扩展，就像滚雪球一样扩展开来。

（三）文献资料搜集的注意事项

1. 充分重视第一手资料

搜集文献时，主要看与课题研究是不是相关，在此基础上尽量搜集第一手资料，因为第一手资料的准确性、可靠性要相对高些。比如，要研究某个同学，如果搜集到他的作业、笔记、文章、日记、书信等（日记、书信属个人隐私，必须得到本人同意），再进行研究，会很有说服力。

2. 尽量全面占有相关资料

力求搜集与课题研究相关的各方面资料，做到全面占有资料，才能得出比较正确的结论。所谓全面，要求研究者不仅搜集课题所涉及的各方面文献，还应注意搜集由不同人或从不同角度对问题的同一方面做出记载、描述或评价的文献。不仅搜集相同观点的文献，还应搜集不同观点、甚至相反观点的文献。尤其需要防止研究者自己已有观点或假设对积累指向的影响，不要轻易否定或不自觉地忽视与自己观点相左的材料。这样可以学会比较分析，使自己研究的结论比较科学、有说服力。

3. 尽量搜集新的资料

要尽量搜集新的文献，因为新的文献很大程度上比旧的文献资料更及时、更全面、更可靠。

4. 做好资料保存工作

及时把所需资料复制、转录下来。报刊资料可以复印，为了便于保存和使用，还可以使用扫描仪和文字识别软件将报刊资料转换为电子文本。电子文档可以直接拷贝，再传输到自己电脑或学校提供的电脑空间。由于电子储存设备有损坏的风险，为了避免不必要的损失，应该养成对电子文档及时备份的习惯。

三、文献综述的撰写

（一）什么是文献综述

文献综述又称文献综合评述，指研究者在全面搜集有关文献资料的基础上，经过归纳整理、分析鉴别，对一定时期内某个学科或专题的研究成果及其进展进行系统、全面地叙述和评论。文献综述是依据对过去和现在研究成果的深入分析，指出目前的水平、动态、应当解决的问题和未来的发展方向，提出自己的观点、意见和建议，并依据有关理论，研究条件和实际需要等，对各种研究成果进行评述，为当前的研究提供基础或条件。对于具体科研工作而言，一个成功的文献综述，能够以其严密的分析评价和有根据的趋势预测，为新课题的确立提供了强有力的支持和论证，在某种意义上，它起着总结过去、指导提出新课题和推动理论与实践新发展的作用。

文献综述分为综合性和专题性两种形式。综合性综述是针对某个学科或专业而撰写的较全面、详细的宏观综述，专题性综述则是针对某个研究问题或研究方法、手段而展开的聚焦点比较具体、针对性比较强的文献综述。

文献综述具有内容浓缩化、集中化和系统化的特点，可以节省课题研究团队成员阅读专业文献资料的时间和精力，帮助他们迅速了解有关专题的历史、进展、存在问题，做好科研定向工作。

（二）文献综述的撰写过程

搜集到足够丰富的文献资料后，需要在对资料进行梳理、甄别、提炼的基础上撰写文献综述。

1. 阅读分类

首先要对文献资料进行认真的阅读，先浏览后细读。浏览的时候就要判断资料内容与研究课题的相关程度，并将资料按内容或重要程度排序、分类。

2. 编制索引

正规的课题研究都要编制文献索引，就是将文献按照类别编制成目录形式，便于使用。如果查阅搜集到的文献资料比较有限，不会造成寻找使用上的麻烦，则不用编制文献索引。

3. 甄别拣选

通过文献搜集所得到的资料并非全部可用，有些资料可能质量不高，甚至在事实层面、知识层面、价值层面存在问题，这就需要研究者对这些资料进行充分的甄选与鉴别，做到去伪存真、去粗取精，避免在研究过程中受到不良的影响。

4. 整理提炼

由于各种资料形成的年代不同，作者的见解不同，在广泛阅读和筛选鉴别的过程中，往往可以发现对同一问题，各有各的理解，不尽相同。这时，就要对文献中的信息、观点进行梳理，展开分析、思考和研究，在此基础上提出自己的观点，撰写综述初稿。

5. 修改完成

修改综述初稿，并完成文献综述。

(三) 文献综述结构与要求

文献综述的内容决定文献的形式和结构。由于课题的性质、材料的占有和资料的类型等方面情况多种多样，很难完全统一或限定各类文献综述的形式和结构。但总体上，文献综述的形式和结构一般可粗略分五个部分：绪言、历史发展、现状分析、趋向预测和建议、参考文献目录。

撰写文献综述，要尽量在全面充分地搜集并占有资料的基础上，以客观、科学的态度对材料进行分析，做到材料翔实、评析中肯、持论稳健，还要注意将文献观点与研究者观点区分开来，避免在表述中将二者混为一谈。

第二节　观察研究法

观察研究法在教师的科学研究中占有首要的位置，因为教师就是长年累月地生活在他所要研究的群体之中，而且十分熟悉他们，观察时自然，深切，便捷，无须兴师动众。其次，使用这种方法，有利于群体材料与个体材料的互补互济，防止偏颇。再次，此方法所花费的财力是最少的。就实际效益来说，它也并不逊色于其他方法。我国著名幼儿教育专家陈鹤琴，对自己儿子的身心发展过程进行 808 天的连续观察，并用日记的方式进行详细的文字记载，积累了大量的材料，于 1925 年出版了《儿童心理之研究》一书。苏联大教育家苏霍姆林斯基在他一生的教育生涯中，持续观察了 20 年，写作了 20 年。他有一个 3700 页的笔记本，"每一页都奉献给一个人——我的学生……"也就是说，他一生都在使用着观察研究法在研究教育。他的教育理论博大精深、独树一帜，被誉为"活的教育学"的理论建树。这两位教育家的成功，从某种意义上可以说是观察研究法的代表。

一、观察研究法的特点

观察是一种视觉活动，但它又不是一般意义上的"看"。成语"察言观色"，《现代汉语词典》解释为"观察言语脸色来揣摩对方的心意"。就是说，"观察"只是方法和手段，目的是要透过表象，把握内层深处的东西。观察研究法的特点和意向正是如此。

总的说来，观察研究法的基本特征有以下三方面：

（一）鲜明的目的性

观察的出发点是根据研究课题的需要，为解决某一具体问题而设。

（二）严密的计划性

观察是在事先拟订的周密计划下进行的，观察的对象、时间、范围、内容甚至角度都有预设，不同于日常观察的随意性和走马观花式，那样所得仅是一些浮泛的印象。而且，观察过程以及观察结果都有理论的分析和判断参与其中，也就是说，这种观察是一种合乎理性的行为。

（三）高度的客观性

上述两条是对观察的主体而言。而对于观察的客体，即观察的对象，则特别要强调其自发性与常态性，即决不因其与课题的研究有关，甚或迎合课题研究的某种意向，而临时改变它的自然状态，因为那样做的结果，恰恰是损毁了观察的科学性，因而获得的材料便不普遍，不真实，导致的结论也就不正确，不可信。

二、观察研究法的局限性

观察研究法当然也避免不了具有局限性，这主要表现为：

第一，观察所得是经验性的东西，而经验性的东西一般很难精确地表明事物内在的因果关系。如恩格斯所言：单凭观察所得的经验，是决不能充分证明必然性的。[1]

其次，观察研究法特别强调观察客体的"自然状态"，而"自然状态"是一柄双刃剑，它既可以向人们提供最真实的因素，又因为它的无序和可变性大，想从中提取系统性的东西难度相当大。

再次，观察研究法所得出的结论及其质量水平往往受观察者主体条件的限制。观察主体的价值观、学术水平以及感情因素都会产生不同的影响，以

----

[1]　钱学森. 关于思维科学 [M]. 上海：上海人民出版社，1987.

致最终在结论上出现误差。

要避免诸如此类的局限,办法是同时相应地采取其他研究方法并与之配合。

三、观察的主要途径

一是在实际工作中观察。即在自己的教育教学活动中,随时观察学生们的行为。

二是参观。如参观学生的作品,去学生的家里进行访问,以及外出学习观看先进典型等。

三是听课。以旁观者的身份,冷静地分析其他教师和学生的教法与学法,寻找做得更好的方法。

四是参加教育活动。如参加学校里的升旗式、义务劳动、班队会、晚会等教育活动都是全面了解学生的好机会。

四、观察研究的基本要求

(一)树立观察意识

教师要树立研究者的观念,时时刻刻用心、用眼、用脑去观察,以研究者的姿态进入学校和班级,时时处处都要做一个有心人,彻底改掉课堂上熟视无睹的状态。

(二)坚持客观全面的原则

观察时不要戴有色眼镜,要实事求是,不要因个人好恶影响观察的客观性。坚持观察的全面性,尽量系统地观察事物的各个方面和事物发生发展的全过程。

（三）处理好计划性与随机性的关系

专题研究的观察要有代表性和典型性，既要坚持目的性与计划性，又不要忽视偶然遇到的新奇现象。有条件的可以利用先进的观察技术，如监控仪、望远镜等。

（四）做好观察记录

要认真写好观察记录，是最重要的一条，尤其长久坚持更不易，更可贵。观察记录是珍贵的第一手材料，我们一定要把每天观察到的情况，体会到的问题与经验及时地记录下来，否则，即使当时观察到了一些情况，等用时也记不起来了。例如，坚持写"教育日记"和"教后感"对教师的发展和科研成果有很大的促进作用。

观察者通常是以现场目击者的身份出现，可收集第一手资料。然而有些资料并非全凭现场观察可得。如学生的学习动机、教师的教育理念、家长的教育态度等，都不是可以直接观察到，必须借助于研究对象的自我报告（self-report），研究者提问，研究对象回答。如果问与答以口头语言进行，那就是访谈（interview）；如果以书面语言进行，那就是问卷（questionnaire）。[1] 访谈和问卷是调查研究法经常采用的信息数据采集方式，其实施方法将在下章中作具体介绍。

第三节　教育叙事法

叙事本来属于文学范畴，也因此一直被"科学的研究方法"排斥在外。后来，由于后现代主义对"叙事"给予了新的解释，也由于人类经验基本上

---

[1]　钱学森. 关于思维科学 [M]. 上海：上海人民出版社，1987.

是故事经验，故事构成了人类经验的基本框架，叙事才逐渐被广泛地引入到包括教育在内的社会科学领域，成为研究人类的一条有效途径，同时也成为教育科学研究的一种重要方法。

一、教育叙事法概述

所谓教育叙事法就是把教师日常的教育教学经验组织成有价值结构的事件，通过叙述这一事件发生、发展、解决的整个过程并分析因果来阐述自己教育理念的研究方法。教育叙事研究要求所叙述的故事不仅要接近经验，表述经验，而且还要接近理论，对参与者和读者有理论指导意义。

具体地说，教师在教育教学实践中进行教育叙事研究，通过学习相关的教育理论来阐释和指导其教育行为，不断地进行着教育故事的撰写，通过这样的积累，可以促使教师个人的教育教学理念趋于完善，并形成自己的风格，这是其他教育科研方法所难以实现的。而叙事研究中教师所撰写的教育故事则为其他教师提供了富有理论指导又易于实践操作的范例，为教师之间进行知识经验的交流提供更新的、更有效的平台。

此外，富有个人经验特色又有理论指导意义的教育故事，不仅是教育实践经验的总结，同时也为建构教育理论积累了素材，使教师的教育教学的实践过程同时变为教育理论的建构过程。可见，教师通过叙事研究不仅可以整理和提升个人教育理念，同时极大地丰富了教育理论的内容与形式。

二、教育叙事法的特征

（一）研究对象主要是教师的教学事件和生活事件

教育叙事研究的对象主要是教师的故事，如教师的日常生活、课堂教学、教科研等活动中曾经发生或正在发生的事件。这些事件可以是反映教师的教育理念、内心体验及人生观和价值观的故事，也可以是教师对教育对象（学生）情况的描述。发生在课堂教学中的"教学事件"被称为"教学叙事"，发生在课堂教学之外的"生活事件"被称为"生活叙事"。

（二）研究过程主要是"现场文本"到"研究文本"的转换过程

叙事研究过程主要是现场、现场文本和研究文本三者结合与转换的过程。现场是研究者的考察对象；现场文本是在研究者与参与者合作的基础上，经过选择、演绎、解释的经验记录，是产生于现场经验的混合体。由于现场文本不仅是叙事，就叙事研究而言，仅有叙事是不够的，还需要作者阐述叙事的意义和对他人及社会问题的意义。也就是说，需要通过研究的主题和思路来促进现场文本向研究文本的转换。

（三）研究方式注重参与者和研究者的结合

传统的方法论要求研究者与参与者保持距离，以保证研究的客观性。叙事研究要求研究者接近参与者，并有意融洽研究者与参与者的关系，注重参与者和研究者的结合。具体的结合方式可以是教师作为参与者，教育理论研究人员作为研究者；也可以是教师集这两者于一身，既是参与者又是研究者。

（四）研究成果以"研究文本"的方式加以呈现

教育叙事研究的成果为"研究文本"。研究文本与一般意义的"科研报告"不同。研究文本既要表述现场经验，同时又要解释现场经验的意义及对他人、社会问题的意义。也就是说，研究文本既包含了实践经验，又蕴涵着富有意义的理论及研究者的观点。在表述形式上表现为夹叙夹议。

三、教育叙事研究的一般程序

叙事研究首先要有"事"可叙述，这就需要选择、观察、整理故事；叙事研究还要对"事"进行研究，这就需要理论的准备和理性的视角；叙事研究还要对研究成果进行撰写，需要具备个性化的语言表达能力。具体说来，教育叙事研究的程序如下：

（一）确定研究问题

确定研究问题是进行研究的前提。教育叙事研究的范围很广泛，教育观念、教育机制、素质结构、日常生活、体态行为、课堂教学都可以成为研究的问题，但教育叙事研究强调的是通过"叙事"来进行"研究"，关注微观层面的普通教育事件，强调对教育中特殊现象的描述和体察。所研究的问题涉及的时间、地点、人物和事件在现实生活中真实存在，是广大教师真正关心的具有普遍实际意义的特定问题。当然，所叙述的故事可以是成功的教育教学事件，也可以是失败的教育教学事件。

（二）选择研究对象

教育叙事研究方式注重参与者和研究者的结合，要求研究者接近参与者，与参与者融洽关系，赢得研究对象的信任与合作，研究的活动应得到被研究者的认同、理解，没有这样的前提，叙事研究就无法获得完整、真实的第一手材料。所以，叙事研究在选择研究对象时，除了与其他研究一样考虑研究问题的性质外，还要考虑被研究者的年龄、性别、个性、地位等因素，真正实现研究者与被研究者的互动。

（三）体验研究现场

体验的方式主要有观察和访谈。观察是在自然状态下，利用感官获得形象、生动、活泼的初步经验，为叙事研究带来真实感、情景感、现场感。访谈则是研究者与研究对象进行有目的的谈话，使研究者在观察中获得的外部感受得以深化，使外显的行为得到意义解释，使研究由表及里、由外至内，从而将叙事研究推向深入。

（四）收集现场文本

叙事研究离不开现场发生的事件，研究者应将观察到的、与教师交谈的信息加以记录。这里要说明的是：现场文本是由研究者和参与者共同创造的，代表现场经验各个方面的文本，并不是简单的客观记录，不仅要记录观察、访谈的信息，还要记录获得这些信息时的情景、体验。

（五）撰写研究文本

研究文本既包含研究者对所观察到的"事"的故事性描述，也包含研究者对"事"的论述性分析。描述要尽可能地详尽，所描述的故事要基于经验事实，并具有一定的典型性，并体现细腻的情感氛围和浓郁的叙事风格，在此基础上，根据要阐述的理念需要，可做一定的修改但不能虚构。分析要全面、深刻，力图在具体的、偶然的、多变的现场中透析种种关系，反映相关的教育教学理念，使教师的生活故事焕发出理性的智慧。

第四节 经验总结法

总结教育经验既是中小学教师最常运用的教育研究方法，也是最容易掌握、最容易出成果的研究方法，但要保证总结出来的经验具有较高的科学性、创新性、实用性和可推广性却不是一件容易事。

一、主要内容

一般经验总结应该写清楚以下内容：

第一，选题过程和目的。为什么在这一方面进行探索，为什么搞这项改革，目的是什么。

第二，经验的内容是什么。究竟获得了怎样的经验，分别是什么，要详细地说清楚。

第三，经验如何实施。只说明经验的含义还不够，还要进一步指明是如何运用这一经验进行实际教育教学的。

第四，经验的实际效果怎样。即运用这些经验，在实际教育教学中取得了哪些成就，带来了哪些明显的变化。

除了以上四方面内容必须写明外，最好还能说明获取经验的过程和步骤。让人们知道经验是怎样得来的。也就是说经验总结应写清五方面的内容：为什么，是什么，如何操作，效果怎样和怎样获得的。

二、基本写法

经验总结是经验总结法的成果形式，是中小学教育科研成果中最常见的成果形式之一。写好经验总结应成为教师必备的基本功。常见的写作方法主要有四种：

（一）分析法

先将教育经验全部呈现出来，然后再逐部分地详细分析，并交代清楚各部分之间的联系和操作要求，最后写出实际效果。总体思路如下：

分析法写作的特点是重视对经验本身的说明与介绍，不强调获取经验的过程。关于究竟怎样获得的这些经验，若能说明清楚当然好，不加以说明也可以。

（二）介绍法

从经验总结的选题开始，依据一定的理论思想按照经验产生的先后顺序和产生过程，对每部分进行介绍说明，最后列出整体经验带来的实际效果。

这种写法的特点是能够真实地表述经验获取的过程，促进读者对经验的了解与掌握。其中，"说明理论依据"部分有时也融合在经验的叙述过程之中。

（三）分列法

将经验分为几个主要的组成部分，分别列出作法与效果，用各部分的联合效果来说明总体经验的先进性与有效性。

（四）倒序法

先列出所取得的成就，然后再介绍经验。

在经验总结中，可以按照顺序介绍，也可以先集中地提出主题，然后分别介绍，还可以把总体经验分为几个部分，逐一介绍，究竟怎样介绍，完全取决于行文的方便和经验的具体情况。结尾处有时做个小结，有时谈些体会和建议，也可以不要结尾，介绍完经验就结束。可以说，经验总结没有一个固定的模式，只要能说清内容，怎样写都可以，以上四种思路的介绍，旨在为中小学教师写经验总结时提供一点启发。

三、注意事项

中小学教师在写经验总结时，应特别注意以下问题：

一是要有一个鲜明的主题或中心思想，不要只是散乱地谈一些做法，做法应为主题服务。例如，成功教育、愉快教育、减轻学生负担、素质教育、×××教学法、提高×××能力的探索等都是较好的主题。没有主题和中心思想的经验是没有生命力的。

二是要有一定的理论依据，不能简单地就事论事，要说明获取经验过程中的指导思想和教育理论依据。例如，在总结培养学生操作能力方面的经验时，如果能阐述一下对培养操作能力的意义和必要性的认识，以及提高学生操作能力的规律，并将经验建立在科学规律的基础上，就会大大地提高经验总结的水平。

三是经验的介绍要尽量详细具体，不能笼统地阐述概念，要把如何做的过程写清楚。例如，在介绍某教师全面考评学生语文能力的经验时，就不能只介绍全面考核、诊断性评价、形成性评价和终结性评价相结合等概念，而要详细地清楚，在教学中究竟是怎样进行考试，出题内容，考试的方式，怎样评分等具体的做法。

四是经验的效果要实事求是，最好有一些客观的数据指标。绝不能夸张和主观推测出效果，而要写出实实在在的事，列出客观的测评数据。经验总结虽然不像实验报告必须以数据为根据，但有数据指标的可信度比没有数据做根据的经验的可信度要大得多。

附录一

文献研究法要领

条目	细目	基本描述
文献类型	零次文献	也称第一手文献（primary documents），即由曾经历过特别事件或行为的人撰写的目击描述或使用其他方式的实况纪录，这类教育研究文献包括未发表付印的书信、手稿、草稿和各种原始记录，是未经发表和有意识处理的最原始的资料。
	一次文献	也称原始文献，一般指直接记录事件经过、研究成果、新知识、新技术的专著、论文、调查报告等文献，是发表过的资料。
	二次文献	又称检索性文献，是指对一次文献进行加工整理过的文献，包括文献特征、内容要点，并按照一定方法编排成系统的便于查找的资料。
	三次文献	又称参考性文献，是在利用二次文献的基础上，对一次文献进行系统的整理并概括论述的文献，此类文献不同于一次文献的原始性和二次文献的客观报道性，具有主观综合的性质。

续　表

研究过程	1. 提出课题或假设	依据现有的理论、事实和需要，对有关文献进行分析整理或重新归类研究。		
	2. 研究设计	①确定研究目标		
		②建立研究框架		
		③明确研究思路		
		④划分研究阶段		
	3. 搜集积累文献	做卡片	做目录卡	重点在"积累"
			做内容提要卡	
			做文摘卡	
		写读书摘要	摘主要观点	重点在"摘记"
			摘结构框架	
		做读书笔记	总评	重点在"评价"
			分章节评	
			重点选评	
	4. 整理文献	文献阅读	原则	计划性原则
				顺序性原则
				批判性原则
				同时性原则
			方法	浏览
				粗读
				精读
		文献记录	作用	帮助记忆
				锻炼思维
				提高文字表达能力
				有利于研究新问题
			方法和形式	标记式
				批语式
				抄录式
				提要式
				札记式
				综述式

条目	细目			基本描述
		文献鉴别	"外审"	辨别版本真伪
				分析该书的语言风格
				分析文献的体例
				分析文献中的基本观点、思想
				通过对文献物质载体物理性质的技术测定来判断文献形成的年代
			"内审"	文字性文献的互证
				用真品实物来验证文字性文献
				产生文献的历史背景
				研究作者的生平、立场与基本思想
		文献分类处理撰写文献综述	分类划分方式	一次划分
				连续划分
				二分法
			分类整理要求	不能以今天的观点甚至理想美化或苛求历史性文献内容
				不能随意剪裁史料来满足预先编制的结论或现成的结论
	5. 整理文献			详见正文内容

附录二

观察研究法要领

条目	基本描述	
适用范围	可通过直接观察获得实证资料（empirical data）	
主要特征	具有明确的目的	
	具有系统的计划	
	具有系统的记录编码（coding system）、程序说明（instruction）、解码（decoding system）	
	具有信度（reliability）和效度（validity）	
优点	可以收集非语言行为（nonverbal behavior）的资料	
	在自然的环境中收集资料	
	可以收集纵向的资料（longitudinal data）	
缺点	对观察情景及行为缺少控制	
	行为一般都较复杂，变化快速，不宜量化（quantified），不方便记录	
	费时、费力、样本小	
	不宜获准进入行为及活动现场	
分类	按观察场所分	现场观察（field observation）
	按设计程度分	实验室观察（laboratory observation）
	按观察视角分	结构式观察（structured observation）
	按观察途径分	非结构式观察（non－structured observation）
		参与式观察（participant observation）
		非参与式观察（non－participant observation）
		直接观察（direct observation）
		间接观察（indirect observation）

续　表

条目	基本描述
程序和要领	决定观察目的
	确定观察项目
	选择观察对象与场地
	安排观察程序
	训练观察人员
	进入观察场地
	培养友善关系
	进行观察
	记录观察结果
教室观察技术举要	学生不专注行为（off-task behavior）观察［Jane A. Stallings］
	师生互动行为（teacher-pupil interaction analysis）观察时间取样法［N. A. Flanders］
	儿童争执（quarrels）行为观察事件取样法［H. C. Dawe］

第四章

审问笃行　广求冥搜
——教师的科学研究之"研究方法"（下）

第三章我们介绍了教师做科学研究时经常用到的四种研究方法：文献研究法、观察研究法、教育叙事法、经验总结法，这一章继续介绍其他几种研究方法，包括行动研究法、调查研究法、个案研究法、比较法、实验法等。

第一节　行动研究法

教育行动研究曾经在美国风靡一时。20 世纪 70 年代后，由于许多著名课程论专家积极倡导和大力支持，行动研究又得到了很大的发展。目前，在教育领域，行动研究已经成为一项声势浩大的"国际性运动"。中小学教师习惯于将自己的研究称作"教改实验"，但由于基础教育工作鲜明的实践性，再加上中小学教师不像一些理论工作者那样重视理论建设和实验控制，而是更多地从自身的教育教学问题出发开展研究，希望借此来改善实践，对行动研究也情有独钟。可以说，随着课程改革的不断深入和教师专业化水平的不断提升，行动研究正在成为我国广大中小学教师从事教育教学研究的主要方法。

一、行动研究法的特征

行动研究法主要适用于教育实际问题而不是理论问题的研究，包括课堂教学研究将改革措施实施于教学过程；对课程进行中小规模的改革研究；教师职业技能训练，提供新的技术和方法；学校管理评价；对已确诊的问题所施行的改革措施，如困难学生的教育措施，不良心理行为的矫正，环境因素的变革等。概括来讲，行动研究法具有如下特点：

首先，行动研究法以解决问题，改进实践为目的。从行动研究的过程可见，这种研究方法简便易行，且往往直接定位于切实解决实践中真实存在的问题，通过改进实践方式以提升教学质量，因此较适合于没有接受过严格教育测量和教育实验训练的中小学教师采用。

其次，行动研究法强调研究与行动相结合。行动研究的过程既是研究进行的过程，同时也是以教学实践行动解决问题的过程。行动研究注重实际的教育环境，允许边行动边修改调整方案，较有利于在教育这样复杂的研究现象和领域内进行。

再次，行动研究法往往以"共同合作"的方式进行，扬长避短。行动研究要求教师从教学实践中发现问题，与同行或同伴结成紧密的合作关系，运用理论，系统地反思自己的实践，与同行教师乃至专业研究人员通力合作，攻坚克难。所以行动研究以相互参与和共同研究的方式在研究者与其他教师之间架起了桥梁，使之共同合作，扬长避短。

另外，行动研究还是一个不断展开的螺旋过程，只要对教育教学工作的热情不减，对提升教育教学境界的追求不衰，行动研究就没有终结之时。

二、行动研究法的四个环节

（一）计　划

计划应以所发现的大量事实和调查研究为前提，它始于解决问题的需要和设想。设想是行动研究者（行动者和研究者）对问题的认识，以及他们掌握的有助于解决问题的知识、理论、方法、技术和各种条件的综合；设想还包含了行动研究的计划。

计划包括总体计划和每个具体行动步骤的设计方案，特别重视计划中的第一二步行动。

（二）行　动

行动即实施行动计划。行动计划的执行和实施具有灵活性。随着研究者对问题认识的逐渐明确，以及行动过程中各种信息及时的反馈，不断吸取参与者的评价和建议，对已制定的计划可在实施中修改和调整。

应当特别说明的是，行动要根据实践的变化而不断调整，因此在实施行动计划时，不能胶柱鼓瑟，不知变通。

（三）考　察

考察环节主要包括三方面：一是行动背景因素以及影响行动的因素；二是行动过程，包括哪些人以何种方式参与了计划实施，使用了什么材料，安排了哪些活动，有无意外的变化，如何排除干扰；三是行动的结果，包括预期的与非预期的，积极和消极的。

在考察环节要注意搜集这三方面的资料，背景资料是分析计划设想有效性的基础材料，过程资料是判断行动效果是不是由方案带来和怎样带来的考察依据，结果资料是分析方案带来的什么样的效果的直接依据。考察要灵活运用各种观察技术以及数据、资料的采集和分析技术，充分利用录像、录音等现代化手段。

（四）反　思

反思是行动研究第一个循环周期的结束，又是过渡到另一个循环周期的中介。这一环节包括：整理描述，评价解释，撰写研究报告。

三、行动研究法的主要步骤

一般来说，行动研究可以分六个步骤来具体实施。

（一）预　诊

这一阶段的任务是发现问题。对学校工作中的问题进行反思，发现问题，并根据实际情况进行诊断，得出行动改变的最初设想。在各步骤中，预诊占有十分重要的地位。

（二）收集资料初步研究

这一阶段成立由教研人员、教师和教育行政人员组成的研究小组，对问题进行初步讨论和研究，查找解决问题的有关理论、文献，充分占有资料，参与研究的人员共同讨论，听取各方意见，以便为总体计划的拟定做好诊断性评价。

（三）拟定总体计划

这是最初设想的一个系统化计划。行动研究法是一个动态的开放系统，所以总体计划是可以修订并更改的。

（四）制定具体计划

这是实现总体计划的具体措施，以解决实际问题的需要为前提。制定了具体计划，才会导致旨在改变现状的干预行动的出现。

（五）行　动

这是整个研究工作成败的关键。这一阶段的特点是边执行、边评价、边修改。在实施计划的行动中，注意收集每一步行动的反馈信息。可行的做法，则可以进入下一步计划和行动；反之，则对总体计划甚至基本设想都可能需要做出调整或修改。这里行动的目的，不是为了检验某一设想或计划，而是为了解决实际问题。

（六）总结评价

这是对整个研究工作的总结和评价。这一阶段除了要对研究中获得的数据、资料进行科学处理，得到研究所需要的结论外，还应对产生这一课题的实际问题做出解释和评价。

从上述行动研究法的六个步骤中可以发现三个明显的特征：一是动态性，

所有的设想、计划都处于一个开放的动态系统中，都是可修改的；二是较强的联合性与参与性，研究者、教师、行政人员的全体小组成员参与行动研究法实施的全过程；三是在整个研究过程中，诊断性评价、形成性评价、总结性评价贯穿于行动研究法工作流程。

第二节　调查研究法

　　通常我们所说的"调查研究"，或简称"调研"，其实是一项在工作过程中既相互区别又相互联系的两个阶段。调查是运用一定的手段和方法，有目的地搜集有关研究对象的某些事实和现象材料，研究则是对调查所获得的材料予以条分析，并做理论性阐释，也就是从经验层面上升到理论层面，使人们从个别的分散事件和现象中，获得普遍的、概括的、理性启迪和感悟。

　　调查研究法广泛应用于各行业、各部门。教育领域采用调查研究法，着重揭示矛盾，总结经验，推广先进的教育思想和教学方法，为教育行政的决策提供依据。

一、调查研究的主要步骤

　　1. 依据课题要求，确定调查对象、范围、时间以及方式。

　　2. 拟订详尽的、便于操作的调查计划，主要包括调查项目、调查提纲、人员分工、日程安排、经费预算、负责人名单等。

　　3. 印制各项调查表格、问卷、访谈记录手册。

　　4. 进入现场，展开调查活动。

　　5. 整理调查材料，进行分析研究，归纳结论。

　　6. 撰写调查报告，除对调查的中心问题做出明确阐释外，还要对遗留问题的解决以及未来的发展提出建设性意见。

二、调查研究法常用的形式

调查研究法常用的形式主要有三种：

（一）调查表

调查表侧重于数据的搜集。只要数据真实可靠，便可从统计数字上反映出简明清晰的概貌。调查表的编制要紧贴课题研究的需要，其统计结果要能说明主要问题。数字的填写务必规范、准确、完整。特殊情况要在备注栏中加以说明。

（二）问　卷

问卷是通过书面提出问题征答以搜集资料的方式。其优点是省时，省钱，易行；由于答者无须署名，所反映的情况可信度高；由于规格划一，可作数量统计，并能显示出明确的比例。其局限是，结果的精确度往往受制于答卷人的支持程度；另外，有些问题的深层原因难以从卷面上反映出来。

有效问卷的回收率必须达到 70％以上时，其统计结果才能作为研究结论的依据。

（三）访　谈

"访谈"是弥补"调查表""问卷"等"见纸不见人""有广度无深度"的缺陷，是由调查者与调查对象面对面以口头交谈形式进行的一种调查方式。

这种方式灵活机动，根据需要可以步步深入，达到访谈的最终目的。

三、运用调查研究法的注意事项

为了访谈的成功，调查者要注意以下几点：

第一，做好访谈的充分准备，如拟订访谈提纲，对访谈对象的个人情况有所了解。

第二，访谈气氛越随和越好，最好像友人闲聊，千万别搞成一问一答的审讯式。

第三，要有较好的引导技巧。在一个问题上遇到梗阻时，要及时应变，迅速转到另一个问题上去，一定不能出现对峙与冷场的局面。

第三节　个案研究法

在一定意义上说，每个教师都应该是一名教育研究者。但由于教师主要时间和精力仍需放在教学和教育工作上，开展大规模的教育调查和严格控制实验，对于教师而言，往往有一定的困难。而个案研究的对象少，研究规模也较小；同时个案研究一般都是在没有控制的自然状态中进行的，也不可在一段时间内突击完成。所以，个案研究特别适合教师进行研究，教师可以抓住一两个典型的学生案例，结合教育教学工作实践进行研究。通过个案研究，教师可以及时了解整个班级或年级的情况，及时收集到对自己教育措施的反馈信息，不断总结实施经验与效果，从而得出对以后教育工作的有益启示。

一、个案研究法的含义

在教育研究中，有时需要对个别对象进行全面深入的考察，而不需要大面积地成组研究。这时，个案研究便是常用的一种方法。

个案研究法就是对单一的研究对象进行深入而具体研究的方法。个案研究的对象可以是个人，也可以是个别团体或机构。前者可对一个或少数优生或差生进行个案分析，后者可对某先进班级或学校进行个案研究。个案研究一般对研究对象的一些典型特征作全面、深入的考察和分析，也就是所谓"解剖麻雀"的方法。同时个案研究不仅停留在对个案的研究和认识的水平上，还需要认识教育与发展之间的因果关系，提出一些积极的教育对策，以便因材施教。

二、个案研究法的特点

（一）研究对象的个别性与典型性

个案研究的对象是个别的，但不是完全孤立的个体而是与其他个体相联系的，是某一个整体中的个别。因而对这些个别对象的研究必然在一定程度上反映其他个体和整体的某些特征和规律。个案研究的目的固然是了解把握某个个体的具体情况，但也要通过个案的研究，揭示出一般规律。例如瑞士著名的儿童心理学家皮亚杰通过对少数儿童的个别谈话法，揭示出儿童心理发展的普遍规律。

当然，我们需要正确处理好个别与一般的关系。个别虽可以反映某些一般的特征，但个别毕竟不等于一般。个案研究取样较少，其研究的结论代表性也就较小，因此不宜机械地推广到一般中去，需要谨慎地思考和分析，以免犯以个别代替一般的错误。此外，作为个案研究对象的个别，应该具有与众不同的典型特征，不具有典型性的个别，显然没有多少研究价值。

一般来说，作为个案研究对象的个案应该具有以下三个显著特征：

第一，在某方面是否有显著的行为表现；

第二，与这方面有关的某些测量评价指标是否与众不同；

第三，教师、家长等主要关系人是否都有类似的印象和评价。

比如对某学生创造能力发展的个案研究，可以看一下他是否经常有些小发明、小创造、小制作；在创造力测验上的得分是否高于常人；教师及家长等对该学生在这方面的表现，诸如脑子活、常提怪问题等，是否有较深的印象，能否举出一些事例等。

（二）研究内容的深入性和全面性

个案研究既可以研究个案的现在，也可以研究个案的过去，还可以追踪个案的未来发展。个案研究可以做静态的分析诊断也可以做动态的调查或跟踪。由于个案研究的对象不多，所以研究时就有较为充裕的时间，进行透彻深入、全面系统地分析与研究。

例如，对一个学习困难学生的研究，往往需要从多方面加以考察，诸如学生学习的智力因素和非智力因素，原有的知识基础和学习方法，以及教师的教学和家长的辅导情况。还要进行与其周围同学的对照和比较，这样就可以对该生进行比较全面而深入的了解和认识。

（三）研究方法的多样性和综合性

个案研究有自己的研究方法，如下面要介绍的追踪法、追因法、临床法和产品分析法等。但是，个案研究又不是完全独立的研究方法。为了搜集到更多的个案资料，从多角度把握研究对象的发展变化，就必须结合教育观察、教育调查、教育实验、教育测量等多种研究方法，综合各种研究手段。

三、个案研究的实施方法

根据研究目的、对象、内容的不同，中小学教师可以采用追踪法、追因法、临床法、作品分析法等具体的个案研究方法开展研究。

（一）追踪法

个案追踪法就是在一个较长时间内连续跟踪研究单独的人或事，收集各种资料，揭示其发展变化的情况和趋势的研究方法。追踪研究短则数月，长达几年或更长的时间。如我国现代著名教育家和心理学家陈鹤琴对他的长子进行了长达三年的追踪研究，以此为基础著书《儿童心理之研究》。

实施个案追踪研究一般分为以下几个步骤：

1. 确定追踪研究的课题

研究者首先要明确追踪研究的对象，研究的目的。也就是说，确定追踪研究对象是个人还是团体或机构，要追踪研究对象的哪些方面，追踪旨在了解哪些情况，研究者都需要心中有数。作为教师，在日常教学和教育工作中，要善于发现某一方面具有典型特征的学生或事例作为追踪研究对象，并明确要对学生或事件的哪些方面进行了解。

2. 实施追踪研究

追踪研究一定要紧紧围绕课题确立的内容进行，要运用规定的手段收集有关的资料，不能让重要的信息遗漏，也不能被表面的现象迷惑。追踪研究需要较长时间，研究者一定要持之以恒，不能半途而废。

3. 整理和分析收集到的各种资料

对收集到的各种个案资料，要进行细心的整理和分析，做出合理判断，揭示出个案发展变化的特征和规律。必要时还要继续追踪，继续研究。

4. 提出改进个案的建议

研究者要根据对个案追踪研究的结果，进一步提出改进个案的建议，指导和促进个案的发展，实施因材施教。

总之，个案追踪研究法是对相同的个案进行长期而连续性的研究，研究者能真实而直接地获得研究对象发展变化的第一手资料，能深入了解个人或某一教育现象的发展情况，弄清发展过程中的个别差异现象。但追踪研究法也有明显的缺点，它费时且难以实施，在较长的研究过程中，各种无关因素都可能介入而影响研究结果。此外，还由于时间太长，研究对象是否长期合作，以及研究对象的流失都可能发生。

（二）追因法

实验法是先确立原因，然后根据原因去探究产生的结果。追因法则是先关注到结果，然后由此去追究其发生的原因。例如，某学生的学习成绩突然下降，我们去追寻他的成绩下降的原因，这就是追因法。追因法恰恰是把实验法颠倒过来，在实际研究中究竟采用哪种方法须视客观情况而定。实施个案追因研究可以分下面几个步骤：

1. 确定结果和研究的问题

第一步工作是确立研究的问题，先确定教育实践中的某一结果，将其作为追因的对象。如果这一步搞得不够确定，那么在后面的研究中找出的原因也很难说是否真实的。例如某校某班级某学科的教学质量特别高，某位学习后进生最近有较大变化，学科成绩提高很快等，这些都是已形成的事实，我们可以把它们确立为研究的问题。

2. 假设导致这一结果的可能原因

明确了事实发生后的结果，接着就要寻找导致这一结果可能的原因。这些原因最初是假设的，还没有经过验证。假设导致结果的原因应尽可能全面，只要合理就不怕数目多。对已成事实的各种原因之间的关系也要进行假设。这一步骤对于后面工作的进展具有决定意义。

3. 设置比较对象

为了追寻导致结果的原因，研究者可以采取两种途径设置比较对象。一种是设置结果相同的若干比较对象，从中找出共同的因素，即前面假设的原因；另一种设置结果相反的若干比较对象，找出相反的因素，从反面找出真正的原因。例如，我们研究某学生品德不良形成的原因，可以找出若干个品德不良学生，从中找出他们品德不良形成的共同因素；也可以找出几个品德优良学生与品德不良学生对比，探究两者成长过程中的不同之处，从而找到学生品德不良形成的真实原因。

4. 查阅有关资料进行对比

研究者可以从研究对象的有关资料中查看是否具有前面假设的原因。这一步骤非常重要，要做得特别细致，因为教育现象是复杂的，导致某项结果的原因往往是多方面的。对这些可能的原因又不能等量齐观，它们所产生的作用在程度上有差别。而且，有时在单独考虑每一原因的情况下，原因所表现的作用是一回事；而在把几个原因加以综合考虑的情况下，这个原因所形成的综合作用就会是另一回事。这种综合作用可能要比原来的两个或两个以上原因单独的力量之和大得多。这时就可以看出，在深入研究一些复杂的教育现象的过程中，有时还需要找出原因之间的关系。

5. 检 验

找出的原因尚有待于进一步检验。最好的检验办法是观察有同样原因存在的其他许多事例中是否有同样的结果发生。如果没有，这个假定仍然不能成立。如果有，二者因果关系的信度就大了。经过初步检验，就可能把那些假的原因淘汰，而导致此项结果的某个或某几个真正的原因就可以呈现出来。

这时为了慎重起见，还可以多举一些事例反复验证。最后，为了进一步验证得出的结论，还可把这一结论当作假设，有计划地组织新的实验。这样把个案追因法和实验法结合起来研究，所得结论的可靠性与学术价值就更大了。

（三）产品分析法

产品分析法是通过分析学生的活动产品，如日记、作文、书信、自传、绘画、工艺作品等，以了解学生的能力、倾向、技能、熟练程度、情感状态和知识范围的一种研究方法。运用这种方法时，不仅要研究人的活动产品，而且还要研究产品制造过程本身以及有关的各种心理活动状况。

例如，我们对儿童绘画作品的研究，可以反映出他们许多心理特征。儿童的绘画可以反映他们的知觉特征和他们对所绘的物体形成的表象特征。通过儿童的绘画还可以在一定程度上判断其智力水平。研究表明，智力落后的学龄儿童所画的图画，其内容通常是原始的，而且惊人地千篇一律。在儿童的绘画中，还鲜明地表现出儿童对周围环境的态度，他们的态度既影响主题的选择，也影响绘画方式，特别影响对物体和人物的着色，儿童往往把"坏人"和动物涂上黑色。

产品分析法作为个案研究的一种方法，往往需要实验法相结合，设置对照组，观察儿童创造产品的实际过程，这样可以获得更加科学的结论。

除此之外，个案研究的实施还有临床法等，这种研究方法一般应用于有特殊行为表现的研究对象，在此不作详细介绍。

第四节 其他研究方法

除了上述研究方法外，教师在开展科学研究时还会用到比较法、实验法、案例法等，在后面章节中，我们将把"案例研究"作为教师的科学研究的一个专门类型作较详细地阐述，下面只对比较法和实验法作简要介绍。

一、比较法

"比较"是人们认识客观事物的重要手段之一。俗语说:"不怕不识货,只怕货比货。"这是朴素地评估了"比较"在认识上的价值。科学地说,比较,就是按一定的标准,对某些有联系的事物进行考察,分析其异同,从而确定研究对象的本质特征,揭示其规律性。

近年来比较研究法在文学研究上大显身手,有专门从事比较文学研究的学者群,"比较文学"成了文学研究中的一项热门行当。在教育领域,比较研究法也是使用频率较大的一种研究方法,常与实验研究法并用。

比较研究法在运用时,要注意以下三点:

第一,用于比较的对象之间应有可比性,即均属同一范畴的事物,适用同一的衡量标准,也就是具有同一性;但它们之间又各有特点,并非处处重合,也就是具有差异性。缺少了前者,就没有了"比"。的可能;缺少了后者,就没有了"比"的必要。

第二,用于比较研究的资料要真实,且具有代表性和典型性。否则,即使用于比较的对象有某种表面上的可比性,最后得出的结论也是不真实或不准确的。因此,在比较研究中,特别要保证各种资料的可靠性;不为枝节的表面现象所惑,坚持本质的比较。这样,方可得出科学的结论来。

第三,使用多维度的比较手法。

比较研究中,应将纵向比较与横向比较结合起来。纵向比较是从事物的历时性研究其发展的轨迹;横向比较是从事物的共时性研究其相互联系的状况。在纵横交错的经纬线上,才能确定准确的坐标,以把握其规律。

比较研究还应将质的分析(即定性分析)与量的分析(即定量分析)结合起来。质与量是矛盾的统一,没有量也就没有质;质必须通过一定的量才能显现,才能被确认。一所学校的质量评估,一次教学的成功与否,科学的鉴定,都是要通过各种项目的量化测定来完成。仅凭印象做出结论,是很靠不住的。

在比较研究中，采取的方式越多，其结论的准确性越高。

二、实验法

实验法在科学研究的诸多方法中，相对来说，层次较高，理论含量较大，时间、经费的消耗也最多。而且，在实施中通常与其他几种研究方法并用。

实验法的独到之处在于它是唯一能真正检验因果关系假设的研究。《中国大百科全书·哲学1》指出，它是检验科学假说、理论的重要手段。任一实验的结果都对与之相关的理论、假说提出某些肯定或否定的证据，而任何理论、假说都在与之相关的实验中经受着实验[1]。正因如此，我国现代教育先驱如陶行知、晏阳初、梁漱溟等均在二三十年代采取此法对他们提出的教育理论做过实验。

实验法的基本特征，除了上面说到的，可以揭示事物发展过程中各种变量间的因果关系之外，还有以下两点：

一是这种研究方法是在人工控制的条件下进行的。在实验过程中，对研究对象的发生发展过程予以主动干预。它与"观察研究法"所要求的"自然状态"，恰恰相反，而是要时时按照理论的预想，主动操纵自变量的变化。这就是说："研究者人为地去干预、控制现象发生的条件和过程，有意识地变革对象某一方面的条件从而得到自己所要的结果。"[2]

二是在这种研究方法实施过程中，要切实控制无关变量，以免各种偶然因素、无关因素的介入，使实验的预设条件保持恒定，各方面变量保证平等，以便实验达到理想的效度。

实验法的局限性也是很明显的，最主要的一点是其准确性不易把握。因

[1] 列宁. 哲学笔记 [M]. 北京：人民出版社，1974.

[2] 列宁. 哲学笔记 [M]. 北京：人民出版社，1974.

为在教育教学上进行的实验研究法，面对的是人，而不是物。人的可变性是很大的，经常处于流动状态之中，加上各种无关因素随时介入，若控制失当，其干扰与破坏是很严重的。

为了保证实验法的成功与有效，实验法的实施应辅以观察、调查、比较等其他研究方法。

结语：科学精神是一切研究方法的灵魂

教育研究是科学研究，因而，科学精神是一切教育研究方法的灵魂。

任何方法都只是工具，工具是由人来控制使用的。人的观念、动机、意志左右着方法的效果。因此，在选择和运用任何一种研究方法时，特别强调科学精神的重要性是十分必要的。

何谓科学精神？

第一，是真实地反映客观存在。离开了客观的真实性，也就没有任何科学性可言。为了某种主观目的，不惜违背事实，歪曲事实，弄虚作假，编造数据，所谓这样的"研究"，是从根本上与科学精神背道而驰的，它不可能得出正确的结论。

第二，是准确地反映客观存在。尽管研究者以严肃的态度忠实于客观事实，但如若角度和方法上的缺失，未能准确反映客观事实，这样得出的结论同样是不正确的。例如，一个通过认真调查统计形成的个人收入的平均数，并不能准确地展示一个地区人们的经济状况与生活状况，其中一部分最高收入与最低收入的两极存在被掩盖了，一般状况也因这两者的存在而变了形。

第三，是研究结论经得起实践的检验，具有实际的操作性。任何理论，不管它讲得怎样头头是道，一旦付诸实践，便立即"卡壳"，这样的理论必然招致破产。真正从实践中提炼而成的理论，一定经得起实践的检验，并证明它的现实性、可行性。研究中的科学精神之强弱，最后都是由实践来鉴定与验收的。

附录一

访谈调查法要领

条目	基本描述
性质	本质上是沟通的过程
要素	目标（objectives）：收集所需实证资料
	环境（context）：访谈是面对面的直接接触（电话访谈例外）
	渠道（channel）：口头语言的，书面文字的
分类	结构式访问（structured-interview）
	无结构访问（unstructured-interview）
优点	具有弹性
	回答率较高
	可观察非语言行为
	能适度控制情景
	易得到自发性回答
	可控制问题的顺序
	能确定被访者亲自回答
	能得到完整的回答
	可以确定访问的时间
	可探讨较复杂的问题
缺点	费用大
	时间长
	易有访问偏差
	被访者缺乏查阅资料的机会
	带给被访者不便
	缺乏隐秘性
	标准化程度较低
	访问范围受限

续　表

阻力因素[1]（inhibitors of communication）	时间的压力	使被访者不愿受访或回答
	自我的威胁	
	礼节的顾虑	
	创痛的抑制	
	遗忘	使被访者不能据实回答
	时序的混淆	
	推论的混淆	
	潜意识行为（无法确知的过去习以为常的习惯或紧急危难时的行为细节）	
助力因素[2]（facilitators of communication）	期望的实现	被访者若确知研究的目标和期望，会尽力配合
	地位的认可	被访者若觉得受到尊重，则愿意受访
	利他的诉求	被访者若觉得研究有利，有意义，则愿意受访
	同情的了解	被访者也有与他人分享精神体验的心理需求
	新经验的期待	如访谈是被访者的日常生活中的新经验，则被访者较愿意受访
	情绪的疏解	被访者通过访问而缓解紧张情绪
	意义的需求	若访问题目能激起被访者探讨某些论题的意义与价值，则被访者愿意受访
	外在的奖赏	若被访者可得到外在的奖品，如金钱、物质、机会等，则易于接受访问
程序和要领	1. 选取访问对象	
	2. 编制访问表	
	3. 训练访谈员	
	4. 排定访谈行程	
	5. 进行访谈	①访谈前的联系
		②初步接触
		③获准访谈
		④进行问答
		⑤适当接引（probing）
		⑥记录结果
		⑦追踪访问

[1] 钱学森. 关于思维科学 [M].上海：上海人民出版社，1987.

[2] 钱学森. 关于思维科学 [M].上海：上海人民出版社，1987.

附录二

问卷调查法要领

条目	基本描述	
定义	问卷是法文 questionnaire 一词的中译名称,原意是"一种为了统计或调查用的问题表格",直译为"问题表格",习惯上称问卷。	
基本单位	题目(item)	问题(question)
		答案(answer)
优点	简单易行,时间、经费上比较经济	
	范围广,短时间内可搜集大量的信息	
	不但可获得事实方面的信息,还可获得意向方面的信息	
	有利于进行定量分析	
缺点	问卷所得的回答的可靠性无法得到检验	
	难以知道填答者问答的真实性程度	
	所提问题难以客观化,任何提问和答案都会在一定程度上暗示	
	该答哪些,不该答哪些	
	问卷的编制要求较高,难度较大	
问题类型	按提问方式分	直接问题
		间接问题
	按问题范围分	特定问题
		普遍问题
	按问题性质分	事实问题
		意见问题
	按提问指向分	行为问题
		知识问题
		态度问题
	按问题强度分	威胁性问题
		非威胁性问题
	按问题关系分	独立问题
		关联问题

续　表

			特点		答题形式	
按答题形式分		开放式问题	不限定答题方法，允许在问题有关的范围内，用各种方式自由回答。		问答	填充
			特点		答题形式	
		封闭式问题	限定答题范围，也限定答题的方法，既有问题，也有可供选择的答案，要求强迫选择。		是非题	选择题等
			命题方法			
			检核法(checklist)	类别法(categories)	评定法(rating)	等级法(ranking)
设问形式	疑问句					
	陈述句					
问卷编制与实施程序	1. 确定所要探讨的变量					
	2. 选定问题的形式					
	3. 选定答题的形式					
	4. 撰写问卷题目					
	5. 撰写指导语					
	6. 预试和修正					
	7. 建立效度和信度					
问卷编制要领	所用文字、名词、概念要明确，叙述要简洁					
	问题所传达的信息要准确，具体					
	避免"两可"的问题，一个问题只能问一件事					
	避免在问题中暗示或引导填答的方向					
	对于敏感的、有威胁性的问题，要妥用文字					
	在题目的顺序方面，先易后难，先简后繁					
	题目长度、形式要有变化，以维持填答者的兴趣					
	问卷可匿名填写					

第五章

厚积薄发　学思行成
——教师的科学研究之"科研论文"

《论语》有言："学而不思则罔，思而不学则殆。"强调为学的基本途径是学习与思考。就教师的科学研究而言，除了这两点之外，还应该加上"行"这一要素。因为教师的科学研究与其他研究不同，其鲜明的实践性，决定了从事这一研究，需要教师将"学""思""行"三者紧密结合，经过长期探索和积累，厚积薄发，才能形成最终的科研成果——科研论文。因此，科研论文绝不是教师短时间内靠灵感突发而写成的，而是长期学习思考和实践探索的结晶。

撰写科研论文，既是进行科学研究的一种手段，也是描述科学研究成果的一种工具；不仅是整个研究过程的最后一道重要的工序，也是研究成果的总体展示。研究过程中付出的所有智慧，所有辛劳，全都融入了或体现于这篇论文之中。因此，科研论文的撰写，不仅仅是个单纯的写作问题，它要求撰写者具有清晰的科学分析能力，又有高度的科学整合能力；有严格的逻辑思维，又有深入浅出的表达功夫。好的科研论文能让科研成果得到百分之百的展现，而不好的科研论文则会使得辛勤获得的科研成果功亏一篑。

因此，对于撰写科研论文这项"集大成"的工作，应予以充分的关注与努力，以保证科学研究过程的善始善终。

第一节 科研论文类型及特点

教师的科研论文一般分为教学论文（或称研究报告）和学术论文两大类型。两者性质略同，但有层次上的差别。

一、教学论文的特点

教学论文的任务，一般是针对教学领域、教学过程中某一具体问题、某一具体环节进行研究，发现和总结其规律，使之在教学中发挥最大效益。尽管它涉及的对象、范围不是很大，但由于体现了某种规律性，仍然具有普遍的指导意义。具体说来，教学论文有如下几个特点：

（一）教学性

教学性属于教学论文的基本特征，也就是说，论文的出发点和归宿都是紧扣教学。它的主题是由教学实践所生发，又能最大限度地概括某种理论原理；它的内容既与教师的教法有关，也与学生的学法有关；它的阐述既有思想的火花，又有生动的方法。总之，这样的论文使人不仅在理论上能有明晰的领悟，还能在实际上有可仿照性，即可操作性。

（二）创造性

创造性体现了论文的价值，教学论文也不例外。所谓"创造性"，就是要求有"新意"，不是因袭旧说，不是人云亦云，而是要有自己独特的发现：可以在观点上有所突破和超越，也可以在视角上有新的调整和切入。虽然不要求它出现轰动效果，但总要展示新的局面，能给人以新的启迪，而且，确实能够有助于推动教学改革的进程。

（三）科学性

科学性是科研论文的生命。所谓"科学性"，就是实事求是，合乎规律；有历史意识，又有全局观点；辩证发展地看问题，不偏执，不架空，即论点和分论点都要经得起实践的检验。

（四）文献性

科研论文的这一性质是上述三种性质的必然归结，具备教学性、创造性、科学性的科研论文必然具有文献性。它尽管只是一砖一瓦，却是教学理论大厦上的一个必不可少的组成部分，有着恒久的或较长时期的生命力，是可资参证的有用材料，非同一般应时应景的"速朽"之作。

二、学术论文的特点

学术论文是以教育领域中较为重大的问题作为对象，进行缜密的理论探讨的论文。它的理论价值相对高于教学论文，写作难度也相对高于教学论文。

除了具备教学论文的创造性、科学性和文献性之外，学术论文最大的特点就是学术性。学术论文探讨的是教育领域内某个专门化课题，这一课题不仅涉及面广，而且具有论争的性质。这类论文的撰写，不满足于客观事物外部形态和过程的描述，而是侧重于事物发展的内在本质和规律的探求。因此，它要求有逻辑性强、概括性强的全息性的论证与阐释。优秀的学术论文一旦问世，通常会使某种学科的研究水平上升到一个新的高度，至少也为这一学科的研究打开了另一扇门。例如 20 世纪 90 年代，语文教育界各种思潮风起云涌，关于语文性质的问题众说纷纭，莫衷一是。于漪老师回顾了中国现代语文教育发展的历程，梳理了历史上对语文教学有代表性的相关论述，对中外哲学、文学领域内关于语言文字与思维、情感和文化之关系的论述，尤其是马克思主义经典哲学中的重要观点，旗帜鲜明地提出了"弘扬人文，革除弊端"的观点，认为工具性与人文性的统一是语文学科的本质属性。这篇具有浓厚学术性的论文，对当代语文学科的发展起到了非常重要的作用。

第二节　科研论文的撰写

科研论文的形成与撰写有赖于作者专业功底、逻辑思维、文字能力三者的整合。只有专业功底雄厚，才能有所发现，有所开拓，有所突破；只有逻辑思维严密，才能思路清晰，论证有力，以结论服人；只有文字能力高超，才能表达准确，深入浅出，事半功倍。

一、科研论文的结构框架

科研论文是一种边缘文体，它介于科技语体和事务语体之间，写作上具有相对固定的格式，是一种模版化了的文体，不能像文学散文那样在形式上千姿百态，任意出新。一般来说，课题研究报告和学术论文都有一个大致相同的框架，由以下几个部分组成：

（一）标　题

科研论文的标题要求尽可能准确、平实，切忌含蓄与花哨，这是基本的原则。但在不影响准确、平实的前提下，适当考虑新颖、醒目、有趣，也未尝不可。如上海市语文特级教师陈军撰写过一篇研究《论语》教学思想的论文，题目是"中国语文教学论的古典阳光——《论语》夜读小识"。这样的标题简约、明晰，又不失优雅与诗意，有引人注目之功，不也很好吗？

（二）内容摘要与主题词

为了使论文的要旨能迅速得到反映，引起人们的注意，一般将全文的精髓提炼成概括、简洁的几百字，置于标题与正文之间。

除内容摘要外，为了适应电子检索的需要，现在的科研论文还要求作者从话题、观点、材料、内容等角度，提炼几个最富有特征性的词语，叫作"关键词"（或"主题词"）。"关键词"一般放在"内容提要"和"正文"之间，也可以放在"标题"之后，"内容提要"之前。

如《论中小学教师教学反思的问题、特征与种类》[1]一文的"内容摘要"与"关键词"：

---

[1] 吴振利. 论中小学教师教学反思的问题、特征与种类 [J]. 河北师范大学学报：教育科学版，2014（4）.

论中小学教师教学反思的问题、特征与种类

【内容摘要】中小学教师教学反思的问题是日常性、勉为性、虚指性、套思性、形式化和程式化，其特征是起点的驱动性、过程的研究性和结果的收获性。为了纠正问题和凸现特征，可将教学反思粗略地分为追因性教学反思、习俗性教学反思、前提性教学反思、拓展性教学反思、整体性教学反思和批判性教学反思。

【关键词】中小学教师；教学反思；特征；种类

（以下正文）

（三）正　文

1. 问题的提出

问题的提出包括"缘起"和"背景"两方面内容。"缘起"是写在论文开头的一段简扼的文字，交代提出研究本课题的原委、试图达到的目标以及这次研究的实际意义。"背景"部分交代本课题的部分背景材料。例如前人在与本课题有关的方面，曾经达到了何种程度，它与现实需要存在着何种距离，而本课题所要致力研究的就是要缩短乃至取消这个距离，以适应今天的需要，这实际上是表述本课题研究的价值与必要性。要注意的是，对前人有过的研究成果，要实事求是地做出评价，不能为了突出自身研究的重要性而去贬损其他人见解。

有的论文将上述两部分合而为一，以"引言"名之，或者称为"问题的提出"。无论名称是什么，从结构上来看，都属于整篇论文的"绪论"或者"引论"部分。

2. 写作过程方法与观点阐述

这部分是论文的主体，属于"本论"部分，要详尽地描述研究工作的全过程，并对观点充分展开论证。特别要注意行文依照自然顺序和逻辑顺序，层次分明、阶段性清晰地延展开来。

写好这部分的准则是，能够真实、完整而且准确地反映出研究者的工作全程、独到观点及其立论的全部依据，使人信服。

3. 结　论

结论是研究成果的结晶，也是全文的精华所在。作者应用精确的、概括的语言，表述通过研究与论证产生出来的一种新的观点、新的结论。

4. 讨　论

讨论属于附录部分。一般是对研究中因主客观原因造成的缺憾或可能存在的问题加以说明，也有就这一课题在今后进一步深入探索时提出的建议。如果没有上述情况，这部分可以省略。

（四）注释和参考文献

这部分应放在正文的结尾。"注释"要求按出现的先后顺序，列出研究过程中参阅过并在正文中引用过的（包括直接引用和间接引用）论著和文章，并标出作者、书名、出版单位、版次、章节与页码，以利于读者作必要的查阅，也是表示对原作者劳动的尊重；"参考文献"则要求无论文中引用与否，凡是在研究过程中参阅过的专著和文章，都应一一列出。

二、科研论文的语言风格

前面已经说过，科研论文是一种边缘文体，介于科技语体和事务语体之间。从语言风格来说，它更接近于科技语体，即科研论文的语言应严格遵循科技语体的要求，用词必须具有高度的明晰性、单义性（即不容另解性），而拒绝任何模棱两可甚至多义的词语。

当然，在准确、清晰、平实的基础上，科研论文的语言也应尽量追求生动活泼，在内容的表达上力求深入浅出，增强可读性。众所周知，经济学是纯理论学科，其艰深与乏味，较之哲学，有过之而无不及。而香港学人张五常的《经济解释》[1] 一书，写得就极有情味，十分耐读。比如，在解释"边际产量下降定律"这样一个专门术语时，作者是这样写道：

　　边际产量下降定律（the law of diminishing marginal productivity）又称为回报率下降定律（the law of diminishing returns）。这大名鼎鼎的定律万无一失，是一个"实证定律"（empirical law）。"实证"是指定律之内的所有变量（variables）在原则上是可以观察到的，是事实，非抽象之物也。在卷一我们数次提及，需求定律中的需求量是意图之物，是抽象的，在真实世界不存在。但边际产量下降定律却没有这种困扰。话虽如此，边际产量（marginal product）虽然是事实，在原则上可以观察到，但一般来说只能在一个有控制的实验室之内才可以量度，在现实生活中是不容易或不能量度的。有这样的困难，运用边际产量理论（marginal productivity theory）又要讲功夫了。

　　边际产量下降定律是说，如果有两样生产要素（factors of production），土地与劳工，一样要素增加而另一样固定不变，那么总产量会上升，但这增加会愈来愈小（边际产率下降），然后总产量达一顶点，再其后，总产量会因为只有一样生产要素继续增加而下降。

　　四岁时我在香港读小学一年级。老师问：如果一个人可以在 10 天之内建造一所小房子，那么两个人建造需要多少天？我当时知道老师所要的答案是 5 天，但怎样也不肯答，问来问去我也说不知道。老师认为我太蠢，不可教，要留级。后来我留级的次数成为香港西湾河的典故。

　　一个人 10 天，两个人 5 天，十个人 1 天，一万个人需要多少天？让我告诉你吧。一万个人挤在一块小地上建小房子，一亿年也建不出来。这就是边际产量下降定律。母亲在生时常说："人多手脚乱！"这是中国人的传统智慧，说的是边际产量下降定律，但这定律可不是我不识字的母亲发明的。

　　要证实这定律的必然性，我们不妨反问：假若边际产量下降定律是不对的话，世界会有些什么现象呢？答案是：如果这定律不对，我们可用一平方

　　[1]　张五常. 经济解释 [M]. 北京：商务印书馆，2000.

米的土地，不断地增加劳工、肥料、水分等，而种出可以供应全世界的米粮。这类现象显然从来没有出现过，所以边际产量下降定律从来没有被推翻。

可以看出，运用这种表达方式，即使是普通读者，也是能够理解这一定律的基本含义的。而且，读来不乏兴味。经济学的科研著述可以如此写，教育科研的论述不是更应该讲究语言的精美吗？下面我们从语文特级教师陈军的论文《中国语文教学论的古典阳光——〈论语〉夜读小识》[1]中摘选几段，作为范例：

......

三、自得·再得·共得

《论语·述而》："子曰：默而识之，学而不厌，诲人不倦，何有于我哉？"这几句话，也收入到中学教材里，师生研读起来，多是分开来说，默而识之是怎么回事；学而不厌是怎么回事；诲人不倦又是怎么回事。以至于不少人把"学而不厌"作座右铭，把"诲人不倦"送给了老师（当然是自己尊敬的老师），不敢用在自己身上。

可能不是这么回事。

默，寂也，无声、沉静。宋儒熊禾由此提出"学以沉静为本"，也就是"静心学习"的意思。"默"在前，"识"在后，"默"是一个前提条件，心要静，口无言，有点呆头呆脑的样子。识，记也，也就是讽诵，记忆、识记。孔子提出的这个学习要求，是就诗书礼乐而言的，以继承、传承、接受为要。学而不厌，好通。学、学习，觉悟；不厌，不饱，不足。千万不能解释为"不厌烦"。"不厌烦"处在"厌烦""喜欢"之间，而"不饱，不足"则是格外的喜欢，是"好之乐之"，用现代话讲叫"如饥似渴"。学习心理境界差距

[1] 陈军. 上海教师：第五辑 [M]. 沈阳：白山出版社，2006.

大着呢！子贡问孔子说："夫子圣矣乎"，孔子说："圣则吾不能，我学不厌，教不倦也。"后儒也一致说"教不倦，乃夫子所自任"。"教人"就是教导别人。是不是就是狭义的师对生的教导呢？不一定。"三人行必有我师焉"，这"师"常常是变化的，转换的。孔子很赞赏弟子"起予"（即启发我），这"起予"（即启发我），我"起"就是生的作用。师，不是一种名分，而是一种功能、作用。因此，这"教人"之师要广义理解为好；这"诲"，是教诲，其本质作用是"起"，即启迪、开导、指点、帮助之义。教人之师，用韩愈的"生乎吾前"、"生乎吾后"的阐释最为恰当。这样说来，"诲人"，不一定专指为师者的职责，也指为学者的学习之举。

　　读清代安徽大儒姚永朴大著《论语解注合编》，读到姚氏所引的元人胡炳文的解释，深受启发：胡炳文说："学贵自得，故默识。得而不以为得，故学不厌。自得又欲人共得，故诲不倦。"我以为这是历代注家解释中讲得最为高妙的一解。默识，是"不言而存者"，自我有所体会，越体会便越是觉得还有体会不到的，于是锲而不舍地学习，以求再得；与人共得的反面就是孔子反对的"独学而无友"，也是孔子提倡的"如切如磋，如琢如磨"。自得，再得，共得是一种彼此关联、相互作用的学习进步运作方式。有"自得"才有"再得"；如何"再得"，"共得"或许就是条件；当然，有时候，是有了"再得"，才能更好地与人"共得"。围绕一个"得"，学习起来是很有趣味的，同时也是需要及时调控的，在很大程度上，与我们现代话语"学习策略"是一个意思。

　　自得，再得，共得，也是为学三境界。王国维的三境界只讲个人为学，孔子的"知之""好之""乐之"也是为学之境界，讲的也是个人为学。这里由孔子的话提炼出的"三得"，既讲个人为学，也讲到群体共学，特别是这个"共得"，孔子是一直追求的。为此，他批评了他从不愿批评只想赞赏的学生颜回。《论语·先进》："子曰：回也非助我者也，于吾言无所不说。"意思是，颜回对我的话没有不听从、喜欢的，但这对于我没有益处，不是"助我"之人。"助我"是什么意思呢？用孔子话说，就是"若子夏之起予，因疑问而有以相长也"。

　　……

我们的结论是，在不损害内容表达的精确度的原则下，科研论文的语言也可以而且应该追求一种朴素的美。这对增强作品的可读性与效果都是有益无害的。

第三节 科研论文的修改

科研论文从初稿到定稿，这中间依然有一段路程，而且是更须过细、更求缜密的一段路程。这就是对初稿的审阅、修改和加工。

一、观点立论的修改

阐明科研论文的观点要慎重，众所周知，观点是论文的灵魂和统帅，观点变了，整篇文章从内容到结构恐怕都要发生变化。但是，如果写完后发现论文的观点确实存在问题，那也不绝不能将错就错。古语说得好："修辞立其诚。"[1] 古语还说："文章千古事，得失寸心知。"[2] 如果文章立论有问题，恐怕不仅自己心中难过，更要紧的是不能使别人得到教益，甚至会给人以坏的影响。所以，修改论文，首先要考虑论文的主题和观点是否正确，认识是否深刻，立论是否严谨，文章是否有新意。

二、内容材料的修改

材料是文章的"血肉"，它是证明观点的论据，是论点成立的依托。因而

---

[1] 来源于《周易》。
[2] 来源于杜甫《偶题》。

对选用材料的基本要求如下：一是必要，即选用说明观点的材料；二是真实，即所用的材料必须符合实际，准确可靠；三是合适，即材料引用要恰当，不多不少，恰到好处。修改论文时，除了斟酌观点的表述是否严谨稳健外，还应依据上述原则对材料进行必要的增加、删节或调整。要看引用的材料是否确凿有力，是否有出处，是否能相互配合说明论点，是否发挥了论证的力量，是否合乎逻辑，是否具有说服力。要把不足的材料补足，要把空泛的、陈旧的、平淡的材料加以调换。要把不实的材料和与主题无关的材料坚决删除。

论文内容的修改除了要考虑所使用的材料之外，还要着重考虑这样几个问题：总的写作意图是否能让人一目了然；基本论点与分论点表述是否准确易解，它们之间的配合是否和谐得当；论证的逻辑性是否严密，无懈可击。通过认真的检查审核，该突出的要突出，该调整的要调整，该更换的要更换，该补充的要补充。

修改加工的目的，不全是在修正错误，弥补缺陷，从根本方面看，是要使论文尽可能完美地表现研究工作的过程和成果，尽可能准确地传述作者的意图和观点。

三、结构形式，即文面的修改

结构是论文内容的组织安排，是论文表现形式的重要因素。结构的好坏，直接关系着论文内容的表达效果。不重视表达形式，会直接影响对内容的精确表达和传播效果。

结构的调整和校正，关系着全文的布局和安排。调整的原则是要有利于突出中心论点，服务于表现中心论点。表达形式的修改应该着重考虑如下方面：检查论文中心是否突出，层次是否清楚，段落划分是否合适，各部分能否体现科研论文所要求的论述完整、维度统一，它们之间的衔接与过渡是否自然合理，开头、结尾、过渡照应如何，全文是否构成一个完整的严密的整体，语句用词是否精当，会不会产生歧义，全文的行款格式是否符合科研论文的要求。

四、语言和标点的修改

语言是表达思想的工具，要使论文写得准确、简洁、生动，就不能不在语言运用上反复推敲修改。论文的语言修改，主要是在三方面下功夫：一是表达清楚而简练，用最少的文字说明尽可能多的问题，是一篇高质量论文必不可少的前提。为了使文章精练，必须把啰唆、重复的地方，改为精练、简洁的文字。二是文字表达的准确性。为了语言的准确性，就要把似是而非的话，改为准确的文字。三是语言的可读性，要把平淡的改为鲜明，把拗口的改为流畅，把刻板的改为生动，把隐晦的改为明快，把含混、笼统的改为清晰、具体。

标点符号、注释序号及其使用当然也要一一审阅，做到准确、规范，因为标点符号不仅事关表情达意的准确性和语言停顿、节奏的连贯、自然、顺畅，而且从某种意义上它还反映出研究者治学的严谨程度和基本的学术素养。这些细小之处，若有疏忽，也会给全局造成一定的损失，不可不慎。

只有经过认真校阅、修改，最后加工过的科研论文，才是可以放心地公之于世的正式成品。

第四节　案例与导读

【案例呈现】

公民表达与中小学写作教育[1]

余党绪

一

关于当前的中小学写作教育，有专家用"三无"来表达自己的评判。所谓"三无"，即"无法、无序、无效"。对这个说法，我一直心存疑虑。以中国之大，人才之多，思虑之广，谋略之精，怎么会在效率和方法上毫无建树？实际上，从教学层面看，一线的写作教育不仅方法众多，甚至连"诀窍""秘籍"也不稀罕。而且，教学效果也不容粗暴抹杀。

在我看来，当前写作教育的问题不在方法与序列，也不在效率。或者说，根本问题不在这里。单纯强调写作教育中的技术性缺陷，可能导致两个后果：一是刺激写作教育中的 GDP 冲动，引发技术改革上的"大跃进运动"。在少数理论家的心里，希望建立一个终极性的教学序列或包打天下的训练体系，来解决写作教育中的一揽子问题，这个念头一直在狂妄地骚动。另一个则更值得关注，专注于写作教育中的技术问题，很容易将写作教育中众多纠结不清的问题浅表化和模糊化，而更为根本的内容却被我们忽略了，结果是南辕北辙，或者买椟还珠。借用一百多年来争论不休的话说，"体"之不存，"用"之焉附？

不妨列举几项写作教育中司空见惯的病症：

——人人皆知，撒谎、欺骗、编造事实、夸大其词、无中生有、不讲逻辑、虚张声势、片面、武断、上纲上线等等，都是人所不齿的品行。但为什么一旦进入写作，似乎就可为所欲为，甚至还可能得到奖赏？张维迎说，人

---

[1]　余党绪. 公民表达与中小学写作教育. 语文学习, 2012 (7—8).

生撒谎写作始。谁敢保证学生不会将写作中的投机取巧用到生活中去？

——写高谈阔论抽象议论的文章，诸如"先天下之忧而忧，后天下之乐而乐""我要握住你的手""诚信"，学生可洋洋洒洒，旁征博引，滔滔不绝；而要学生就现实的具体问题表明自己的具体态度，表达自己的具体观点，就会手足无措，畏首畏尾，或者空话连篇，不知所云。如果写作不能为现实服务，为生活服务，写作究竟又是为了什么呢？

——经过十来年的训练，多数学生已能独立完成一篇文章。为什么这些作文始终千人一面，万人一腔？不独思想一致，材料相似，而且思维方式雷同，表达方式单调。青少年的个性在哪里？他们鲜活的创意能力与创造能力到哪里去了？

这些矛盾显然不属于技术范畴，也不属于效率范畴。依赖技术或序列的改造来解决上述问题，无异于缘木求鱼。如果我们略显粗暴地将上述病症也概括为"三无"，谓之"无德行、无生活、无个性"，那么这个"三无"才更值得关注和思考，因为它在根本上损害了写作教学的教育价值和文化意义。

写作究竟为何？这在源头上影响着我们对写作教育的理解。在我看来，教育领域里的写作理念，基本上还没有摆脱以科举写作为代表的精英写作的影子。在传统社会，文化被少数人垄断，写作活动关涉地位与身份，意味着政治上与文化上的某种特权，写作能力也被赋予了更多的天赋色彩和神秘内涵。写作，既是政治与道德意义上的"经国之大业，不朽之盛事"，又是实现生命终极价值的途径（所谓"三不朽"，即立德立功立言也）。司马迁将史学写作的目标定位于"究天人之际，通古今之变，成一家之言"，张载为儒者提出的"为天地立心，为生民立命，为往圣继绝学，为万世开太平"，对后世的写作影响很大，让写作承载了太多太重的内容，也让写作者承担了更多的身份与使命压力。有趣的是，即便是那些游走在正统与非正统之间的写作者，诸如李白、关汉卿、柳永等人，其写作在功名道德上的空间已被现实挤压，但青史留名的冲动还是洋溢在字里行间。

传统写作留下的文化基因充满了矛盾。主张"文道合一"，但实际上，空道德、泛道德、伪道德泛滥成灾，精英道德疏离了现实的人性与生活，脱离了大众，缺乏现实实践的土壤与基础，文字在更多时候不过是道德阐释、道德粉饰或道德辩解的工具。这样的文道关系必然导致"为人"与"为文"的冲突与分离，写归写，做归做，言行不一，这也许是"一为文人，便不足观"的另一种含义罢。再如古人主张"文章合为时而著，歌诗合为事而作"。在精神取向、文化结构与心理积淀上都居高临下的士大夫们，以"文章千古事"的心态写作，即便是一草一木一虫一鱼，也要发掘其超越琐碎和庸常的恒久价值，这样的写作即便关注了现实，恐怕更多的也是隔岸的热泪，高楼上的垂青，是以抽象掩饰具体，以概念图解生活。当代作家莫言提出"作为百姓写作"，对"为百姓写作"提出异议。莫言反对写作者以精英的身份居高临下地俯视生活，他主张写作者就是一个具体生活的人，你对生活不是采取"介入"的态度，你本来就在生活之中。以精英的姿态介入生活，隔岸的热泪也冰冷，高楼上的垂青也冷漠。

如今已是21世纪，政治、经济与文化上的平等，已然或正在成为现实，而民主的社会、公民的权利也深入人心。在网络与信息时代，写作的形态、价值与意义，写作者的生活方式和生存价值，发生了翻天覆地的变化。写作早已褪去了其高贵和神秘的色彩，日渐成为一种日常的交流与表达活动；而写作者身份中向来具有的精神导师、灵魂工程师的色彩，也在日渐淡化。但是，写作教育滞后于时代，尺度之大令人瞠目。总体看，写作教育尚未能脱离传统精英写作的窠臼。无论是教学内容、教学方法还是相应的评估体系，似乎都是为了培养超乎众人的政治家、作家和艺术家，而不是为了满足每一个学生作为公民的生活需要。这样的目标定位让不少学生对写作望而生畏、望而生厌，也造成了在写作教育中漠视学生的生命需求、脱离生活实践、禁锢思想、僵化思维的后果。

基于这个理解，我觉得非常有必要重新认识写作及写作教育的价值与功能，将写作从天上请回凡间，从贵族变为平民。在写作教育中，应该进一步强调"表达"与"公民"这两个概念，以"表达"来界定写作的基本形态与功能，以褪去传统文化赋予写作的超越或神秘的色彩；"公民"是人基本的社会身份，以"公民"来界定写作者的身份与姿态，界定写作及其检测的内容与标准。基本逻辑是：中小学写作教育应该培养以"公民表达"为核心的写作素养。

二

1. 以"公民身份"写作，让写作"有用"。

中小学教育培养的不是抽象意义上的"人"，它的具体内涵应该是"公民"。教育不是万能的，人类教育的种种探索已经表明，那些通过教育来培养"圣人"、塑造"理想人格"、培养"天才"、打造"神童"的做法，是幼稚和荒唐的。教育不仅不是万能的，教育还应该有其合法的边界。人的感觉、欲望、意志、情感、思想、智能，教育的切入都应有其限度。如果说由国家主导的义务教育是一种公权力的话，那么，这样的公权力同样也应有其运行的边界。过高过泛的教育目标，必然不切实际，效能低下。公民是人基本的社会身份，中小学教育的首要任务，便是培养适应现代社会生活的公民，其他目标的达成均应以此为前提和基础。

从写作教育看，培养学生的公民意识，让学生以"公民"的身份写作，是一个很值得思考和探索的切入口。"公民"是一个与"自然人"对举的法律概念，是个人在公共社会空间的身份，这决定了你的写作必须顾及和考虑必要的社会关系与社会背景，符合社会与法律的基本规范与要求。其次，"公民"不是臣民，不是子民，当然也不是暴民，写作者天然具有独立和自主的表达权利。说什么话，怎么说，在法律和社会习俗的规范下，学生都有自由选择的权利，并对自己的发言负责。以公民身份写作，必然要求公民们"自说自话，文责自负"。再次，"公民"意味着平等，不仅人格上的平等，权利上的平等，而且意味着精神与道德上的平等。所以，写作是为了沟通，为了交流，为了交换彼此的思想与意志，而不是为了"代圣人立言"，更不是为了"我花开后百花杀"，居高临下或卑躬屈膝都不可取。

当前的学生写作，"身份意识"普遍模糊，也比较混乱。成人腔、官腔官调之类固不必说，就是"让学生放开手脚写作""写出内心真实""自由写作"这些花好月好的理念，其内涵也很模糊，实践中难以操作。"放开"到什么程度？是否任何"内心真实"都可尽情表达？"自由写作"是否意味着想怎么写就怎么写？如果用"公民"这个身份来框范，这些问题解决起来就清晰多了，毕竟，作为一个政治与法律概念，"公民"的内涵还是比较明确的。

在开放与多元的网络时代，强化写作者的公民身份，有利于培养学生在行使自由表达权的同时，恪守公民的表达责任与义务，这对于养成合法、合理、合乎习俗的表达素养，有着现实的意义。

2. 以"公民表达"为功能导向，让写作"具体"。

写作到底为了什么？是因为"有话要说"，还是为了"为文而造情"？后者以八股文写作为典型，写作在某种程度上沦为一种智力与文字游戏，它的内容再精致，也无益于人生，无益于社会。遗憾的是，这种"文章制作"式的教学还是目前基本的教学模式，写作教育刻意回避现实的社会与人生，热衷于抽象概念与虚假命题的研讨，专注于写作技术与修辞技术的训练，结果把作文搞成了凌空蹈虚的道德口号，大而不当的人生讨论，抽象虚无的哲学玄想以及矫揉造作的造势煽情。

"有话要说"，就要表达。所谓表达，就是主体向客观世界敞开和传达自己的意志、思想与情感。即便单从中小学的以获取基本写作能力为主要目的的写作训练看，写作在本质上也不是对信息的纯粹加工与组合，也不是对外在世界的全息式反映。写作在本质上是向外界表达自我的心理与精神世界，而表达的方式与形式，则直接与表达者的生命活动与生命形式相关。以表达为功能导向，将写作看作实现表达诉求的载体，或有助于纠正写作上的形式主义与文风上的华而不实。比如，强调议论文"说理"的表达功能，教学中必然更关注对真理的追求，对学理的思辨，对逻辑的辨析。说一千，道一万，在议论文写作中，"说理"才是硬道理。这对于改变当前议论文写作中的假大空现象，应该能发挥积极的作用。

不过，仅仅强调写作的表达功能，还是不够具体，就中小学教育看，培养学生"以公民身份、就公共事务、对社会发言"的表达素养才是首要的，这就是"公民表达"。

强调学生以公民的身份写作，在内容安排上，应该偏向于"社会公共事务"

的理解与表达。当然也应该关注学生的"私人写作"，但显然培养学生的"公共化写作"的理念和能力以服务于公民的社会生活，才是中小学教育的基本任务。应该引导学生关注社会，关注现实，关注身边的人和事，以主人翁的身份参与社会实践，不仅因为这些与学生息息相关，而且这对学生的文化成长与人格发展大有益处，因为任何人的成长都是基于现实的社会环境与现实的社会实践，脱离了当下的社会与文化，我们培养的不过是现代的孔乙己和范进。从写作实践看，与自己密切攸关的事务，才能引发深切的体悟与思考，写作才可能有具体的内容，才能减少写作中的假大空。

3. 以"公民道德"为准绳，让写作"健康"。

写作在本质上是一种表达实践，必然关涉价值的判断与选择。作为教育范畴的写作教学，应该致力于培养表达中的法治意识、规则意识与底线意识。强调"公民表达"，为写作确立了一个表达的底线，这就是"公民道德"。对于成长中的学生，超过他们理解力与实践力的过高的政治要求、文化要求和美学要求，只会逼使他们写假话，写空话，写废话。以"公民道德"为底线，既给学生的表达提出了方向，也为教育预留了足够的空间。现在的很多作文，无论有无必要，是否恰当，都要挖掘或升华到很高的政治高度或道德境界，似乎不如此便不能显示其思想正确，趣味健康，这样的虚饰恰恰沦落到底线之下。

此外，还应该强调理性精神的培养与理性思维的训练，因为公民社会是依照法律与理性构建的社会模式。"二期课改"以来，为了倡导人文精神，为了改变语文教学中知识膨胀、逻辑越界和分析过于琐细的局面，我们强调了情感、体验、感悟、灵性、直觉、联想、想象、灵性等非理性、非逻辑的因素。但是，这不能构成压制理性、贬低逻辑的理由。恰恰相反，我觉得无论是我们的学生，还是当代的社会公众，最缺乏的就是理性精神和逻辑思维的素养。比如关于想象力培养的问题，在我看来，多少有些强调过头了。很多人将想象力与创造力混为一谈，认为想象力的匮乏不仅制约了国人的创造力，而且将影响中华民族的未来。有人将"影响20世纪生活的20项重大发明中，没有一项由中国人发明"归咎于中国人想象力的匮乏。这些判断粗看有理，实则有欠妥当。你总不能将"万有引力"的发现归结为牛顿由"苹果落地"引发的想象吧？为什么我们没有牛顿？恐怕想象力的欠缺并不是最关键的。过分强调"想象力"这个因素，会给人这样一个错觉：似乎有了想象力，牛顿就横空出世了。这样的误导反而会妨害我们去做一些更为基础性也更有价值的工作，比如培养学生的批判精神、怀疑精神、探索精神等理性素养。想象力是与生俱来的，任何一个正常的儿童都充满了各种想象。我们要做的，是保护、鼓励和引导儿童的这种天赋。与此相反，理性精神则只能通过后天的教育才能拥有。一个人缺乏想象力，顶多在生活中少点乐趣与浪漫，而如果他缺乏理性精神，可能连正常的生活都没有。一个民族也是这样。没有想象力的民族可能是沉闷的，但没有理性精神的民族，则可能陷入疯狂与虚妄。

因此，不能借写作活动的体验性与情感性来替代公共理性与逻辑思维的训练。

三

综上所述，中小学写作教育应该聚焦"公民写作素养"，在培养公民素养的要求下，致力于培养学生的"表达素养"；在培养学生"表达素养"的要求下，培养学生的"写作素养"。将写作教育提到公民素养教育、公民表达素养教育的高度，不仅使写作教育有了更为具体的方向与内容，而且也使得我们能够在更为务实的策略下思考写作教育的课程与教学问题。

"公民写作素养"是中小学写作教育应该达成的基本目标。它着眼于培养现代公民，着眼于培养公民的表达素养，它强调基本的态度、习惯、能力与品格，这是面向每一个学生的培养目标，因为这是每一个公民应该具备的基本素养。因此，它既是面向全体的，又是着眼于基础的，充分体现了基础教育的普适性与广泛性，也体现了基础教育的公平性与民主性。

基础教育的功能，在于为学生开启发展之门，引领其走上发展之路，而真正的发展与成功，则取决于学生的自身的追求与实践。写作也是如此。在教学中，始终盯着几个写作高手，始终着眼于高端写作技术，拔苗助长，可能造就出几个写作高手、写作神童、写作天才，但结果一定是多数人厌恶写作，多数人连生活中必备的写作素养也不能达成。媒体反复报道和渲染的所谓研究生不知论文怎么写，高中毕业生连封家书都写不了的事情，如果从现行教学状况看，其出现具有很大的必然性。

提倡"公民写作素养"，其实是为了还写作以其自我表达与社会沟通的真实面目，着眼于写作与生活的关系，着眼于表达与沟通的效能，为学生的生活服务，为学生的发展服务，为学生的未来服务，为其个性与创造性的生长提供空间。为什么有的学生写作文叫苦不迭，而写"情书"却乐在其中？为什么写"命题作文"无话可说，而写博客却能挥洒自如？为什么考试作文捉襟见肘，而制作社团海报却神采飞扬？显然，后者是出于其生命的需要，出于其兴趣之所在，出于实践之所需。只要写作与学生的生活、生命、实践相结合，学生就一定有话要说，有话可说，有话能说。有了表达的欲望，写作教育才有可能。

提倡"公民写作素养"，也赋予了写作以创造与创新的色彩与意义。"公民表达"主要关注的是公共写作，作为一种面向社会、面对公众的具体表达，公民写作必须考虑具体的背景、动机、对象、目的，追求表达的价值与效率。这就需要学生根据具体的表达目的，选择合宜的写作方式与技术，完成一个从无到有、从策划到运筹、从构思到物化的创造过程。当前的写作教学，学生接受的技术训练并不少，掌握的程度也并不低，关键要看能否将所学的写作知识与技术运用到具体的写作实践之中。如果技术不能服务于表达的需要，技术反而成了表达的障碍。只有当技术与表达结合起来，技术才能产生其应有的效能。所以，在写作技术的训练上，要以表达为宗旨，以功能为引领，以效能为依归。

真正的写作精英不是教出来的，更不是在教室里教出来的。我们能给学生的，只能是一些基本的态度、习惯、方法与能力，也就是基本的写作素养。但是，有了这些基本的写作素养，在其生命不断扩张与成长的过程中，其写作能力的成长也便有了扎实的根基。在写作教育上，我们也应该有点"只管耕耘，不问收获"的大度与优游，大可不必为了几个精英而揠苗助长。其实，一切都在自然中。

【案例导读】

不少教师对如何写教学论文感到发愁，不知道该怎么写。其实，教学论文的写作，首先不是"怎么写"的问题，而是"写什么"的问题。前者主要关乎技术，应该说是比较好解决的；后者则关乎素养，是论文写作最核心的领域，需要教师广博的学习、扎实的实践和深入地思考，才能解决。本章的标题"学思行成，厚积薄发"，强调的就是这个意思。而要解决"写什么"的问题，至少与两个因素密切相关，一是教师的实践积累，二是教师的思考深度。

出于对作文教学现状的不满，从十多年前开始，余党绪老师便着力探索"基于'公民表达素养'培育的写作教学"，经过十几年坚持不懈地努力，逐渐形成了一套比较完整的写作教学的理论和方法，上文就是他长期实践和探索的思想结晶。因为论文的写作是基于长期的实践积累和深入的思考探究，而不是为了应需（为了评职称等功利需要），应命（完成学校行政布置的写作任务，或者培训作业等），应景（趋附一些研讨会的主题等）而写出来的文章，因此便有深度，有分量。

从这个案例，我们可以得到这样的启示，教学论文的写作内容从哪里来？答案非常明确：教学论文的写作内容是从教师的科学研究与教育实践土壤中长出来的，除此之外，别无他途。因此，要写好教学论文，一是提炼自己的实践，二是锤炼自己的思想。

解决了"写什么"的问题，才能够谈"怎么写"的问题。余党绪老师的这篇论文在结构思路上分三部分：第一部分结合写作教学的现状和问题，提出自己的主张，从而揭示出自己实践和主张的意义与价值，可以看作论文的引论部分。第二部分从三个方面具体阐述自己在写作教学方面的思想内涵和方法体系，是论文的主体，可以看作论文的本论部分。第三部分在前面论述的基础上，揭示"公民写作素养"的目标追求及其与基础教育基本功能的内在关系，可以看作论文的结论部分。这种结构形式在本章第二节中所论已详，兹不赘述。

第六章

芥子须弥　花叶菩提
——教师的科学研究之"案例研究"

佛家有"芥子纳须弥"的说法，还有"一花一叶一菩提"这样的诗句，意思是说，芥菜籽非常渺小，却能够容得下广大无边、高不见顶的须弥山；而菩提真谛在哪里呢？就蕴藏在一朵花儿、一片叶子之中。这道理对我们本章要探讨的"案例研究"来说，真是再贴切不过了！我们日常教学中很多教育场景、环节、故事，或者一个课堂教学的片段，看似微小琐碎，却往往蕴含着教育教学的真谛。

一般说来，教师都是"有故事的人"。每天面对一张张活泼可爱的面庞，在课堂上与学生们进行思想情感的沟通互动，以爱心与智慧满足他们的发展需要，在一个个饱含细节的教育情境中陪伴着这些年轻生命的成长，其中该有多少蕴藏着教育教学规律与奥秘的生动故事啊！这些生动的故事，其实就是教学案例，把这些教学案例叙述下来，经过讨论、反思，实现认识的提高，引发行动的改进，就是案例研究需要做的事。

第一节 案例研究的内涵与意义

一、案例研究的内涵

"案例"（case）也称作"个案""事例""实例"等，作为教学研究对象的案例，则是对"一个实际教学情景的描述，在这个情境中，包含着一个或多个教学疑难问题，同时也可能包含解决这些问题的方法。"[1] 可见，作为研究分析对象的案例，首先必须是真实的，是在真实的教育教学情境中实际发生的教育事件或教学场景，而绝不是，也不允许是凭空杜撰、主观臆想出来

---

[1] 郑金洲. 案例教学指南 [M]. 上海：华东师范大学出版社，2000.

的虚构的故事。同时，案例之所以具有研究价值，在于它的包蕴性。在一个具体案例中，包含着具有教育学、心理学、伦理学等意味的问题，如果对这些问题进行必要的研究，则有可能探寻到解决此类问题的带有普遍指导意义的教育教学策略，乃至具有理论价值的教育教学规律。正因如此，上海市教育科学研究院原副院长顾泠沅先生结合自己从事"青浦数学教学改革实验"的切身体会，深有感触地说："案例是教学理论的故乡。"

作为一种研究类型，案例研究属于质化研究的范畴。之所以称其为质化研究，是因在案例研究过程中，并不特别强调对研究对象进行数据收集和量化分析，而是要求研究者将教育教学过程中所遇到的具有典型性的事件用案例的形式记录下来，经过分析、探讨、反省等思维加工的过程，促进教师对类似事件的教育学意义上的认知、理解、省察和实践的水平。

二、案例研究的意义

在诸多教育科学研究类型中，案例研究与教师的日常工作贴得最近，不管是研究主题的提炼，还是研究材料的获得，教师都有得天独厚的优势。通过案例研究，教师能够反思探查与教育教学实践密切相关的更有效的方法策略，从而提高教学效率，提升教育境界。无数优秀教师成长发展的案例告诉我们，与自身工作密切相关的大量案例，以及用于分析案例的理论知识，是教师专业水平不断提高的必要条件。

（一）发展教师实践反思的能力

美国教育学者波斯纳提出了一个关于教师专业发展的非常有名公式，即"教师成长＝经验＋反思"。他认为，没有反思的经验是狭隘的经验，至多只能成为肤浅的知识。如果只是满足于利用经验开展教育教学工作，而不对经验进行深入的思考，那么教师的工作就不会得到有效的改进，时间一长，则会不可避免地陷入职业倦怠，从而不仅教育教学水平不会得到提高，甚至还会让已有的经验所能发挥的效能大打折扣。而案例研究则是教师提高实践反思能力的绝好途径。

通常情况下，由于工作忙，任务重，教学压力也比较大，教师往往会以没有时间和精力为由，忽略对日常教学工作的反思。之所以会这样，可能还有一个很重要的原因，就是日常工作头绪比较多，反思就会陷入迷茫状态。然而案例研究能比较好地解决这一问题。以具体的教育教学事件为研究的对象，从价值领域、内容领域、技术领域反思教育教学工作得失及其内在原因，就使得教学反思有具体内容，有明确方向，有实实在在的收获。

（二）搭建教学理念与实践的桥梁

目前，课程改革正处在攻坚阶段，主要表现为，课程改革新理念虽然已经成为教师们的共识，但是如何在日常教育教学实践中去贯彻落实这些理念，使其转变为实实在在的教育生产力，从而改变教育教学现状，提高教育教学效率，却是一个艰巨的，亟待解决的问题。因为理念要转变成为现实，需要一种实践的转化，这种转化要经由教师的经验才能完成。案例研究，正是实现这种转化的有效途径。

通过案例研究，教师以新的理念观照自己的教学，发现亮点或问题，进行归因分析和策略探究，就有可能使这些新理念在具体的实践情境中寻找到生根发芽的土壤，从而催生出有别于传统教学经验的新鲜花朵。也就是说，案例研究是实现理念向实践转化的一个中介，在这个过程中，教师通过对案例进行多角度的解读、分析、诊断，能够有效地消化乃至深化对教育教学理念的理解和认识，并创造性的探索、开发理念向现实转化的方法、路径和策略，从而将具体的教学行为与理论实际联系起来思考。

（三）提高教师科研意识和能力

很多不明真相的高校和科研院所专业人员往往会轻视中小学教师的科学研究。他们认为，基础教育阶段的教师没有经过专门的科研训练，其研究成果从学术规范到理论创新，都不可能达到较高水准。

这种看法有没有道理呢？似乎有。但是换一个角度来看，基础教育阶段的教师开展科学研究的价值，恐怕也就在于学术规范和理论创新之外的领域。而在这个领域，即基础教育教学的实践领域，无论哪位高校或科研院所专业人员都不敢说自己有绝对话语权。而从另一个方面来说，正如瑞士著名教育学和儿童心理学专家皮亚杰所指出的那样，正是由于脱离了科学研究，中小学教师才失去了应有的学术声誉和专业地位。因此他主张通过参加教育教学研究使教师获得应有的尊严，使教育学成为"既是科学的又是生动的学问"。[1]

从这两个意义上思考，作为教育研究的基本形式之一的案例研究对一线教师就格外具有价值。一线教师具有丰富的教学实践经验，占有大量的教育教学案例，而这些案例中，有大量的典型情境和情节，恰恰蕴含着宝贵的教育教学智慧，通过认真分析，冷静思考和深入反思，这些日常工作的每个教育教学细节、场景、片段或事件，就能够放射出智慧的光芒。案例研究不仅具有独立的科研价值，而且从某种意义上来说，还是教师进行其他研究的基础。教师进行课题研究，撰写教学论文，都离不开大量的教学案例的支撑。通过案例研究积累丰富的研究材料，沉淀丰厚的实践思考，就能为课题研究和论文写作打下坚实的基础，有了案例研究所奠定的坚实基础，教师的科学研究就有了厚实的实践基础和理论准备。经由案例研究而开展科学研究，教师不仅提高了教育教学实践的专业化程度，让工作更合乎规律性，更有效率，而且还能大大提高自身的科研能力，提升自己在专业领域内的话语地位。

（四）分享教师教育教学成功经验

在新课程实施的时代背景下，教师急需切近实践的经验和智慧分享。而部分来自高校专家的理论宣讲和理念灌输，有时缺乏具体鲜活的实践情境，教师们理解起来比较困难，真正落实为教育教学实践行为，不仅需要深入的理解消化，而且必须探索出行之有效的路径，开发能够落实为教育教学行为

---

[1] 皮亚杰. 教育科学与儿童心理学 [M]. 北京：文化教育出版社，1981.

的手段和方法。在这种情况下，案例研究就弥补了教育教学理论和课程改革理念的不足，满足了教师之间分享教育教学成功经验的需要。

美国卡内基教学促进基金会主席、美国教学和教师教育研究领军人物李 S. 舒尔曼教授以教学案例研究而著称，他曾说过："案例对教学共同体中的教师具有教育意义。没有他人的支持，没有他人的视角作为参考，没有他人观点的补充，没有他人扮演积极的倾听者和诤友（critical friends）的角色，从经验中学习就几乎是不可能的。"[1] 他还进一步强调说："案例就如同黏合剂，将这些共同体联系在一起，对其内容和形式进行讨论。"[2] 确实如此，尤其是在课程改革日益深入的今天，教师与他人一起通过案例研究分享实践智慧显得格外具有现实意义。在课程改革的大潮中，不管是日常的教学探索、教研活动，还是有组织的公开研讨课、教育教学论坛，都会有不少丰富的实践素材，典型的教育场景，或者令人深思的典型事件留下来。这些令人眼前一亮的新做法、新思路，通过案例研究的方式将其中的亮点加以描绘，进行分析研究，就能为广大教师提供借鉴以开辟新路的智慧资源。即便是在课程改革的实验中遇到了问题和障碍，也可以通过案例研究的形式，向同行教师分享自己的教训，从而引发同行教师的热情，来共同探讨导致问题出现的原因，探寻解决问题、清除行动障碍的路径和方法。

第二节 案例研究的特征与要素

案例研究作为一种科研类型，在日常工作中虽然为广大教师广泛关注并经常采用，但是对于其特征的描述、要素的构成，却并非很容易就能够说清

---

[1] ［美］李 S. 舒尔曼. 案例教学：从经验中学习的反思［M］// 实践智慧：论教学、学习与学会教学. 上海：华东师范大学出版社，2014.

[2] ［美］李 S. 舒尔曼. 案例教学：从经验中学习的反思［M］// 实践智慧：论教学、学习与学会教学. 上海：华东师范大学出版社，2014.

楚的。综合梳理当前一些相关的成果和观点，对案例研究的特征和要素试作如下描述。

一、案例研究的特征

（一）真实性

案例研究中采用的案例，是教师在日常教学工作中随机发生的蕴含着丰富意义的事件，必须是真实的。真实是所有科学研究的灵魂。它应该是"实然性"的，而不是"应然性"的。如果为了支持研究者某个先行的观点，而按照应然性的原则，虚拟一种情境，杜撰一个事件，这样的研究首先就违背了科学研究的根本精神。

在案例研究中，研究对象具有叙事性，而真实发生的事件，往往是偶然的，随即发生的，并不一定合乎研究者的理想和期望。因此，初次开展案例研究的教师，往往会根据自己的需要进行一定的补充、修饰、加工。经过这种理想化加工的案例，当然在诠释和研究时，更有利于得出研究者所期望的结论，但却是科学研究的大忌，绝不可取，应旗帜鲜明地予以摒弃。

事实上，在特定案例中的任何一个片段或细节，都是具有研究价值的，它之所以呈现出某种状态或结果，而不是别的状态或结果，一定有其内在缘由。揭示其之所以如此的内在根由，正是案例研究的重要目的。如果对案例进行"合目的性"的修改，不仅违背了科学研究的精神，还浪费了丰富的研究的资源和契机。

（二）叙事性

案例研究的叙事性，不是文学意义上的，而是文体意义上的。也就是说，它不强调如何把事件叙述得曲折生动，引人入胜；但是，作为具有研究价值的案例，以及对这一案例的研究本身，往往蕴含着一个发生、发展的演变过程。这个演变过程，就案例而言，是事实层面的，它意味着事件的逆转或突变；就对这一案例的研究而言，则是认识层面的，它意味着认识的转变或深化。不管哪个层面，一般来说都不可能是静态不变，停滞不前的。

案例研究的叙事性，还在于其具有内在的戏剧性或冲突性。美国案例研究和案例教学专家李 S. 舒尔曼教授认为，"案例的实质是可能性"。他进一步解释道："我们把一个文本或故事称为叙事，实质上是指出计划和意外事件之间的遭遇，或者是所追求的目标与达成目标的干扰或阻碍因素之间的冲突。"[1]

案例不是偶然发生的，它要求叙述者做出选择与判断，并依此行动。一般来说，一个案例，往往是具有明确的意图，表现为一个正式的、默许的计划、行程或目的。在执行过程中，"计划被出其不意的状况、故障或意想不到的事情打断"，面对不确定性和突发事件，相关人员必须做出相应的判断，"因为没有简单的现成答案"。[2] 案例研究所要试图探讨的问题，就是出其不意的状况出现的原因，或者计划被突发事件或意想不到的事情打断的现象背后的机缘。

因此，从这个意义上说，案例研究是一种独特的教学记叙文，而不是教学论文或者是阐述教学设计的说明文，也不是事件实录。无论主题多么深刻，故事多么复杂，都应该以一种有趣的、引人入胜的方式来讲述。

（三）情境性

因为案例研究的对象——教育教学实践中真实发生的案例，是情境性的，因此，案例研究也必然具有情境性的特征。正如李 S. 舒尔曼所说："一个教学案例，从定义上说，是情境化的，与具体的地点、时间和学科知识（subject matter）紧密结合。如果案例被认为有独特性，就不能忽略具体的学

---

[1] ［美］李 S. 舒尔曼. 实践智慧：论教学、学习与学会教学 [M]. 王艳玲，译. 上海：华东师范大学出版社，2014.

[2] ［美］李 S. 舒尔曼. 实践智慧：论教学、学习与学会教学 [M]. 王艳玲，译. 上海：华东师范大学出版社，2014.

科和教学情境，因为教学就是在特定情境中将特定的知识教给特定的学生。"[1]

案例研究的情境性还在于每一个具体的案例都受制于特定的情境，即教师、学生、课堂、教学行为等诸多主客观综合因素，因此在研究中对这些情境性因素很难控制。其实，这正是案例研究与实验研究的根本不同。因为案例的具体情境存在很多不可控、不可测因素，所以案例研究是分析性的，而不是统计性和实验性的。

既然如此，那么案例研究就应该把情境交代清楚，即说明事件发生的环境和条件，以便人们更好地理解，从而既能设身处地思考案例中的问题，也能摆脱情境的束缚，去探讨更深层的问题。还要写出解决问题的全过程，要有问题的发生、发展、结果，有一个从开始到结束的完整情节。情境要具体，要真实感人。要写出事件发生的特定的时间、地点、条件、环境、氛围，人物的语言、行为与心理。

(四) 典型性

案例研究中所选择的案例应该具有典型性。所谓典型性，就是"独特的这一个"。它虽然是教学实践中随机出现的偶然事件，但在这个事件中，却蕴含着丰富的教学信息有待通过深入研究予以揭示。如果一个教育教学事件，不具有事件本身的独特性，或者事件虽然很独特，很新鲜，但是却没有教学信息，很难引发人们认知的冲突，缺乏深入剖析和研究的价值，那么这样的事件就不适合作为案例研究的对象。

案例研究的典型性还表现在对案例的介绍和叙述上。在叙述案例时，当然要确保叙述的客观性和真实性，但这并不意味着将该案例的所有内容事无巨细全部呈现，而是要有所取舍，做到主次分明。要尽量写好主要事件，尽量精简与主题或问题关系不大的内容。为了使案例能够引发与其他教师观点

---

[1] [美] 李 S. 舒尔曼. 实践智慧：论教学、学习与学会教学 [M]. 王艳玲，译. 上海：华东师范大学出版社，2014.

的碰撞和启发其他教师的思维，也为了便于与其他教师间进行讨论交流，可有意选择经常会出现的、犹豫不决或导致陷入进退两难的困境中的典型事件。

案例研究的典型性，还表现为该案例能够引发起读者对所经历的其他事件的回忆，当其他教师在阅读该案例时，很容易与自己的相关经验对接。这种相似回忆或相关对接，在行文中往往表现为"这件事让我想起……""当……时，我突然记起……"等。之所以会形成这种回忆或经验对接，是因为该研究中所选择的案例并不是一个单纯的个例，而是某种教育情境在不同时空的个性化呈现。因此，我们定义这样的案例具有典型性。

（五）反思性

案例研究的反思性，不只是研究者需要对自己亲身经历的教育教学事件进行反思，也包括该案例能够引发其他教师对教育教学中相关事件或情境的思考、探究和认识的深化，并结合自身的类似经历，引发认识的提高和行动的改进。

一般来说，科学研究总要经过分析、综合、归纳、演绎、思辨等提炼的过程。案例研究作为教师的科学研究的一种类型，当然具有科学研究的一般特点。不同的是，案例研究不是理论研究，在某种意义上可以视为行动研究，因此相对而言，案例研究不一定具有非常浓重的理论色彩。但是它同样需要对事件及其相关细节或片段的思考、诠释和研究。在各种认知能力中，它更强调研究者和使用该研究成果的其他教师的反思能力或元认知能力。

二、案例研究的要素

一份完整的案例研究一般应包括以下五个部分：

（一）主题与问题

主题指的是研究者在选择案例、叙述事件时所确立的研究目的，它是研究者在开展研究的过程中始终秉持的准绳。而问题则是研究者明确提出来以引发同行教师共同思考的疑难或困惑，它从多方面对一个案例研究的主题具体化，目的是引发研究者与读者的共同思考和讨论。

案例研究必须要有主题，它规定了该案例研究所要探讨或反映的核心理念和观点。开展案例研究，首先要考虑这个案例所能反映的主题是什么，动笔前要有一个比较明确的想法。写作时应该从最有收获、最有启发的角度切入，选择并确立主题。

案例研究的主题可以涉及教学的各方面，也可以限制在某一个较小的范围。通常情况下，案例研究的主题应该着眼于教育教学的核心理念、常见问题，要富有时代性，体现课程改革精神。无论想要研究什么，总要有一个明确的聚焦点，而不能将该案例涉及的所有问题不做任何取舍。案例研究需要依据某种理论框架或假设，根据研究主题去收集信息，否则会面对丰富的研究素材视而不见；但又要保持开放灵活的态度，根据事实调整原有框架。

一个高水平的案例研究必须有高水平的案例问题。通过问题在研究者和读者之间产生思维的"互动"，让读者读有所思，给他们留下思维的空间。因此，这些问题不仅要能够阐述案例的主题，揭示案例的各种困惑，更重要的应该有启发性，能够激发案例使用者的反思和讨论，给人启迪、让人有所收获。

（二）背景与情境

案例研究的背景交代的是案例所描述的事件发生的环境和条件，案例研究的情境指的是该案例发生时由主客观等多种条件共同构成的机缘或因由。案例研究需要向读者交代事件发生的有关情况，目的是让案例的使用者设身处地更好理解案例中的问题，也能摆脱情境的束缚，去探讨更深层次的问题。背景介绍并不需要面面俱到，重要的是说明事件的发生是否有特别的原因或条件。

（三）案例与叙述

这是案例研究的主体部分。前面已经说过，案例研究中的案例是教师在教育教学实践中真实发生的事件，在这些事件的发展过程中有冲突、困惑，或者意想不到的突变乃至逆转。这就需要在研究过程中通过重点叙述将其充分呈现出来，才能为后续的研究、分析奠定必要的基础。

因此，案例研究中对事件的叙述应突出矛盾的焦点，事件中人物的心理感受、体验应尽量表现得真切，有感染力。要展现出教师和学生内在的思维活动及其变化，将人物的内在心理活动袒露出来呈现给读者。特别是课堂中学生错误的自然流露、意外的反应，这些教学事件中的真实细节，正是案例研究中最有感染力和研究价值的内容，因此需要进行客观而又充分的描述。总的来说，案例及其叙述应该引人入胜，这也是案例区别于教案和课例的最大不同。

（四）诠释与研究

诠释主要是对案例做多角度的解读，如对课堂教学行为作理论和技术分析、教师的课后反思等，是对案例理论价值的提炼和升华。在案例研究中，诠释与研究应着眼于教育教学工作的基本层面展开探讨，这样才能展现案例的价值，如仅限于对个别情境或特殊问题，或仅限于对细节、技巧的追究，就会失去真正的意义和价值。

从案例的结构中，我们可以看出：一个好的教学设计（教案）必须源于教学实践，离不开教师的教学艺术，才可能成为一个好课例；但一个好的课例不一定是一个很有价值的案例！其次，诠释与研究部分是案例区别于教案和课例的显著特征，而这两部分体现了对案例认识的理论水平，它的撰写可以由教师个人完成，也可以是教师集体或教师与专家共同探讨的智慧结晶。

（五）问题与讨论

在案例研究中，虽然经过诠释和研究，形成了一些富有深度的成果，但是，并不是所有的问题都得到了完满解决。还有问题同样很重要，由于研究侧重点不同，没有涉及，而有些问题，由于条件的限制，还难以得到圆满的解决，有待后续的深入研究。这时就可以通过设计讨论问题的形式，提出此类案例研究后续研究的方向。

第三节 案例研究的提炼与撰写

一、案例研究主题的提炼

上文已经讲过，案例研究的一个重要特征就是叙事性，即一个完整的案例研究，必然包含着对整个教学事件的重要情节的叙述。案例研究要试图探讨的问题，就是出其不意的状况出现的原因，或者计划被突发事件或意想不到的事情打断的现象背后的机缘。可见，案例研究虽然"有故事"，但却不能仅仅停留在"讲故事"的层面，而是必须透过案例所叙述的特殊教育实践，反应一类重要的教育教学问题。通过对其影响因素和背后根源的探讨，达成对一些重要的教育教学原则和理论的深度认知，甚至还有可能创生一种具有实践意义的教育教学方法和实施途径。

因此，案例研究就必然涉及主题提炼的问题。一个好的案例研究，需要在选择案例时，就有较明确的研究取向；在描述案例时，应重点讲述与主题关联度高的情节和细节。通过对案例主题的提炼，达到用案例引证、探究教学问题，用案例体现教育意义和教学价值的目的。形成明确的主题意识，并能恰当地确定案例研究的主题，对于分析探究案例背后的原因，制定相应的教育教学策略，展开有深度的教学反思，都是至关重要的。

那么，确立、提炼案例研究的主题应该注意哪些问题呢？

（一）应关注教育教学的普遍问题

案例中的事件可以是一件小事，但透过现象所反映的主题却不能满足于"小"，而是要能够以小见大。案例研究主题要有指导意义，能引起大家对教育教学中对普遍性、倾向性问题的关注，并能促使这些问题被解决，不能只局限于个别情景或特殊问题。总的来说，案例研究主题一般都要涉及课堂教学的核心理念，教学实践中的基本问题，教学过程中常见的难题和困扰事件。主题要鲜明、深刻、富有时代性，体现课程改革精神。

可从新课程理念、教育教学组织实施过程、教学关系的处理、教师作用的发挥、教育教学原理的运用、教学技能与方法、新学习方法与过程的设计、学生学习心理规律、教学规律的运用或发现、了解学生的途径与方法、教学目标的选择与实现等方面来确立主题。

（二）应着眼于案例的核心价值

案例研究主题的提炼要以案例为基础，不能脱离案例，随意提炼主题。一般来说，一个教育教学事件，往往是由诸多因素所形成的合力而集中诱发的。在这诸多诱发因素中，必然有一个聚焦点，或者诸多诱发因素发挥作用的特定的契机。因此，案例研究主题，应透过这一特定的契机，从诸多诱发因素共同发挥作用的聚焦点来提炼出一个明确的研究主题，而不是只关注这诸多诱发因素的某一个因素。如果不能够透过纷繁复杂的现象，从众多因素的共同作用来把握这一教育教学实践的本质根源，而只是关注某一环节、某一诱因，缺乏全局观和综合眼光，那么研究出的结论，往往是"瞎子摸象"式的，而所提出的针对性策略和解决问题的方法，因为没有抓住这一案例的核心，所以一般来说也往往不能很好地解决问题。

（三）应区分案例的主题与问题

案例研究是围绕案例主题而展开的，是对具体案例事件的叙述和探讨。在叙述和探讨过程中，为了做到有层次、有深度，往往要展开几个与主题相关的问题。例如围绕"如何处理好放与牵的关系"这一案例研究主题，可以设计如下的案例问题：如何把握"放"的时机；如何能"放"得恰到好处；如何通过"放"创设宽松的氛围，保护学生问题意识；如何在放的同时适度有效地发挥教师"引导"作用，激活学生的思维，等等。

可见，在案例研究中，主题是灵魂，而问题是主题的支脉。通过阅读这个案例，其他教师可能就会围绕如何处理好"放"与"牵"这个主题，思考与此相关的各种问题，进而设计自己的教学，在教学观察和教学叙事的基础上完成围绕这一主题开展研究的教学案例。

二、案例研究报告的撰写

案例研究报告是一个相对完整的案例以及对其进行理性思考的书面呈现形式。案例研究报告的撰写相对而言比较灵活，并没有完全统一的形式和格式，可以根据写作和表达的需要灵活地决定表达的形式和格式。因此，本部分所呈现的案例研究报告的写法，只是从相对完整的角度进行的一般化的归纳，并不是一个格式化、模式化的要求。

（一）标 题

一般来说，案例研究要有一个恰当的标题。好的标题能够反映案例的核心或主题，帮助阅读者迅速把握整个案例的主要内容，尽快进入到案例的情境中去。有的教师不愿意在拟题上下功夫，认为这项工作并不重要，只要把案例的主体部分写好，做到主题明确、重点突出、事件完整、细节真切、剖析透彻就可以了。这种认识实际上是不正确的。

标题的拟定，一般而言有以下三种方式：

1. 概括事件类的标题

这类标题揭示的是案例中的核心事件，它有利于读者迅速把握案例的主体内容。如表达对后进生如何进行鼓励的案例，标题"掌声响起来"；一份以"黑板报的故事"为标题的案例，揭示的是围绕着黑板报评比引导学生如何正确对待成绩和实力。这些标题，都是以概括事件的方法来拟定的。

2. 揭示主题类的标题

该方式就是把案例所包含的主题提炼出来，作为案例的标题。这类标题，能够帮助读者准确把握该则案例的探讨重点和作者的基本观点或情感态度，如"要谨防道德暴力"。"让每一个学生都抬头走路"。"从关注走向关爱"。

3. 形象寓意类的标题

该方式是用文学化的表述方法，如比喻、比拟等形式，将事件或主题用富有诗意的、形象化的语言加以暗示。这类标题容易激发阅读者的阅读兴趣，具有含蓄隽永、引人入胜的特点，如"生命的阳光""心桥无阻"等，讲述如何扫除学生内心的阴影，或消除学生之间芥蒂的故事，标题用了比喻的手法，既有概括力，又收到了很好的艺术效果。

（二）引言与背景

引言相当于内容概述，或者开场白，主要用来交代案例的概貌，含蓄地表达整个事件的主题指向。

应该指出的是，并不是所有的案例研究都需要"引言"，比如，有的案例短小精悍，篇幅不长，基本上就不需要再用引言加以概述了。而有的案例，篇幅较长，为了让读者能够较容易了解整个案例的基本内容，较迅速地把握整个案例的基本主题，最好在开头部分加引言。如果读者没有耐心读完全文，这就会使整个研究的效益受到影响。

背景交代的是案例发生的具体时空条件和故事的起因。叙述案例时一般总要交代案例背景，是因为案例中的事件离不开特定的情境因素。同样一个事件，对于不同的人，或者出现在不同的情境之下，其意义是不同的，因此，解决问题的方法和策略往往也会不一样。

背景可分为直接背景和间接背景。直接背景指的是与事件紧密关联，直接导致事件发生的因素；间接背景则仅为事件提供一个深层背景，这一背景与事件本身的关联度并不十分紧密。一般来说，间接背景可以写得简单一些，而直接背景则要写得具体详细。

举例来说，在一则题为"多一些宽容，少一些责骂"[1]的案例研究中，开头部分是这样写道：

作为一名教师，我一直非常信奉"师道尊严"，我觉得只有从严要求学生，才能树立教师的威信，约束同学们的言行，使同学们在他们的学习和生活中少犯错误，而宽容只会放纵学生们的错误和缺点，甚至是"姑息养奸"。

因此，自从担任班主任工作以来，我一直是板着面孔对待学生，一进教室，两只眼睛就像探照灯一样扫射着同学们的言行举止，一旦发现哪个学生犯了错误，我总是一追到底，毫不留情地给予责骂与惩罚。久而久之，我感到自己在学生心目中的"威信"越来越高了：只要我一出现在教室门口，教室里立刻鸦雀无声，每个人都"专心致志"地"钻研"课本；而犯了错误的学生一看到我，也总是乖乖地低下头，一声不吭地听我训斥。我非常满意自己的"教育战果"，也进一步坚定了我"严师出高徒"的信念。

在这则案例中，第一段主要讲述自己一直以来秉持的观念，是间接背景；第二段则是自己担任班主任以来的做法和效果，是直接背景。正是在这样的背景和前提下，后文因为"我"的一次不经意的宽容，却收到了意想不到的教育效果，因而使自己内心受到巨大震动，引起教育观念的变化。

（三）问题与冲突

这一部分呈现了事件的主体内容。

一般来说，一个事件之所以成为值得研究的案例，就在于它包含了教育教学应该关注的核心问题。在案例中，核心问题之所以备受案例研究撰写者的关注，在于这一事件中有较鲜明的认知冲突、情感冲突或观念冲突。撰写

---

[1] 该案例源自于漪的《心灵的对话·高中卷：情感的聚焦》。

者原有的认知、情感或者观念出于平衡的、稳定的状态，而随着事件的发展，其认知、情感或观念受到了冲击，这就必然构成冲突。

例如，在上述案例中，作者继续写道：

有一次，我们班上午第三节课是自习课，我正好没事，就到班级里去转了转，想看看学生在自习课上的学习情况。我一走到教室门口，就发现坐在后排的一个女生非常紧张地往课桌内藏什么东西。经验告诉我：她肯定没干好事。于是，我一个箭步冲上去，往她抽屉里一瞧，原来她抽屉里有一本爱情小说。

我顿时火冒三丈，这女孩子成绩并不好，却还有时间看小说——而且还是爱情小说！

我立刻把这个学生请出了教室，准备狠狠地批她一顿，谈谈我的"恨铁不成钢"。结果，我发现，还没等我开口，这个女孩儿已经吓得眼泪汪汪，单薄的身体在春风中瑟瑟发抖。我不由得心一软，什么也没说，就让她回到了教室。

过了几天，这个女孩儿红着脸给了我一张小纸条，纸条上写着："老师，上一次本以为你会狠狠地骂我一顿，或者让我罚抄课文，结果你并没有这样做，谢谢你，你是我心中最好的老师！"

在这一部分中，作者通过事件的讲述，主要呈现了自己在整个过程中的情感冲突，由原来的"火冒三丈"到"不由得心一软"，正是由于这种情感上的冲突，导致她在处理这一教育事件时方法和策略的转变，本来想"狠狠地批她一顿"，结果只是"什么也没说，就让她回到了教室"。这正是由"责骂"向"宽容"的转变。

撰写案例时，这一部分要关注相关细节的描述和呈现。因为细节不仅仅是冲突和转变的直接诱因，而且还包含着丰富的教育价值、认知价值和心理信息。在描写和呈现细节时，应当时刻关注自己通过这则案例索要重点探讨的问题，在问题的引领和主题的观照中，确定对细节材料的恰当取舍。另外，所有的冲突和转变，往往都根源于心理的变化，因此，要将案例所引起的心理变化的相关细节进行必要的描写。比如一堂课的设计，原来的设计是出于怎样的考虑；在上课的过程中，学生的反应如何；这引起了你怎样的情感或心理上的变化，等等。将心理变化的过程充分的揭示出来，事件的发展变化就具备了内在的逻辑依据，其教育认知价值也就能够得到充分的显现。

（四）反思与讨论

这一部分是在叙事基础上的议论，目的是进一步揭示事件的意义和价值，分析自己得出问题解决策略的心路历程。通常情况下，案例的撰写，往往伴随着教师对自己教育教学工作的反思。通过对具体教育教学事件的深入反思和冷静思考，逐渐转变观念、改进方法，提升教育教学水平，将日常工作提升到一个新的境界。在对案例进行反思和讨论时，通常会涉及这样一些问题：自己原有的观念、策略和方法存在着哪些问题，案例中的哪些因素促使自己必须转变，今后在处理类似事件时应该注意什么问题，从这一案例中得到了哪些具有规律性和普遍性的教育学启示，等等。

例如，在上述案例中，作者是这样展开"反思与讨论"的：

尽管只有短短几个字，却深深地震动了我的心弦：我一次不经意的小小宽容，竟然引起同学这么大的感激，还说我是她"心中最好的老师"，我真的有点汗颜了。回想我的教育理念"严师出高徒""棍棒底下出孝子"，我不由动摇了。是啊，教师有责任严格要求学生，但是学生毕竟还是孩子，在他们的成长过程中，不可能不犯错误，如果我在教育中，在严格要求他们的同时，试着适当地宽容他们的过失，留给他们一定的时间和空间让他们自己认识错误，或许，他们在宽容的魅力下，会走得更好。

我陷入了沉思。

作者因为学生的一张纸条引起了内心的巨大震动，原来的教育观念开始动摇。通过反思，她认识到"宽容"在教育教学中的必要性和教育价值。

（五）思考与交流

这一部分根据案例撰写和使用的目的来确定是否需要。有的案例，为了引发人们对某一类教育教学问题的思考，可以在完整呈现之后，提示人们展开更广泛的思考，以期引发更深入的研究。

例如，一则题为"谎言背后"的案例，作者在案例结尾部分这样写道：

在学生生活中，家校联系是一个重要的环节。面对越来越复杂的家庭环境，作为老师，怎样才能搭建好家校之间沟通的桥梁，给孩子一个良好的心理环境，从而使孩子健康成长呢？

这则案例由一个学生为了掩饰自己家庭生活中"亲情缺失"的缺憾而编制了一个谎言，教师通过积极的努力，打开了学生的心灵，使学生减轻了心灵的负担，走向与他人平等的交流。而结尾部分则在讨论该案例的基础上，引发人们对"如何搭建家校联系的沟通桥梁，为孩子营造良好的心理环境"这一宏观问题的思考。

第四节　案例与导读

【案例呈现】

学生的思维怎么被碎片化了？[1]

该案例根据布鲁姆的课堂提问的理论分析课堂上学生的思维被碎片化的原因，并探索在课堂教学中采用什么样途径和方法避免学生的思维不被碎片化，从而保持其思维的连续性、深刻性。

一、教学设想与实施

（一）基本信息

本节课课题《机械波》一节课的教学，执教的班级高一九班，执教地点7号楼6楼录播教室，执教时间2014年3月20日，有8位老师参与听课。

---

[1] 关伟.学生的思维怎么被碎片化了[M]//张少波,李海林.事实和证据视野中的课堂教学诊断.上海：上海教育出版社,2015.

（二）教学设想

设想一：为了让学生尽快进入学习状态，教师采用让学生课前阅读教材并请同学将自己不懂的地方在教材或导学案上写出来，让学生既了解了本节课要学习的新知识又能够带着问题听课。

设想二：为了帮助学生建立一个真实的机械波的情景以及产生疑问，教师为学生准备演示绳形成的丝带、原子弹爆炸、蜘蛛捕捉昆虫、水波、机械波发电等视频。

设想三：为了帮助学生突破难点，教师为准备的机械波模拟演示仪，它能够慢慢地模拟显示不同时刻各个质点的运动情况，同时帮助学生在头脑中形成空间的图景。

设想四：为了激活学生的思维、引导学生的思维不断深入，教师精心设计课堂提问。

设想五：为了让学生了解机械波的应用、危害，教师特地为学生准备在铁架台上如何不接触链条上端的情况下，让上端脱离铁架台的衡量的实验，以及选择了学生在电视、广播中经常听说的海啸、地震等图片。

设想六：为了让学生更多体会多种学习方式，在课堂教学形态的表现上，教师特定设置自主学习、分组讨论、师生互动、生生互动等学习方式。

（三）教学实施

本节课的教学过程分下列环节实施：

环节一：视频播放原子弹爆炸、水波、蜘蛛捕捉昆虫等，这些情境激发了学生兴趣，也勾起学生对波的联想和质疑。学生观看视频之后，能够在教师的引导下理解机械波的概念、产生的条件等问题。

环节二：学生能够两人一组抖动丝线一端产生机械波，观察、体会机械波形成的原因，能够说明机械波形成的原因。

环节三：教师利用机械波演示仪演示机械波形成过程中，每一个质点的运动规律，并和同学一道详细讲解各个质点在运动中速度、位移、加速度等物理量的变化情况，教师边讲边演示，学生边观察、边思考、边回答教师提出的问题，师生之间的互动效果很好。

环节四：根据机械波的形成过程，学生在活动化手册上，画出各个质点在不同时刻形成的波形并利用教师提供的链条摆放出不同时刻的图形，教师利用空余时间指导三个同学绘制不同时刻的波形。

环节五：学生能够利用提供的铁架台和链条根据所学知识演示如何让链条脱离铁架台，并且能够阅读教材了解机械波的危害。

二、诊断报告与分析

（一）诊断报告

1. 初诊：整体印象

下图显示的是《机械波》教学中同伴诊断和自我诊断的雷达图，同伴和我从六个方面对《机械波》这节课的进行诊断。

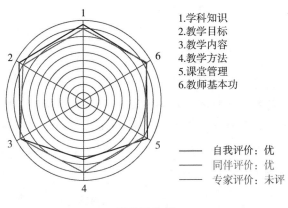

课堂教学通用诊断量规

1. 学科知识
2. 教学目标
3. 教学内容
4. 教学方法
5. 课堂管理
6. 教师基本功

—— 自我评价：优
—— 同伴评价：优
—— 专家评价：未评

雷达图分析

雷达图显示，第4项指标自我诊断与同伴诊断相差比较大，同伴认为授课者在第四项诊断指标中做得更好一些，而授课者在回看录像和上课感觉上认为这个环节还不如意。第四项诊断的指标是从教学方法上要求教师在诊断的时候，从教学过程中教师在方式和手段的设计上所选择的教学方式是否科学有效来进行诊断。量化指标如下：

（1）学生学习活动充分展开，过程完整，学生在活动中情绪饱满，积极性高，对解决教学重点难点起到了关键作用。

（2）教师的教学行为，引起、维持与促进了学生的学习活动；教师的教学行为与学生的学习行为互动性高。

（3）学生预习成果显著，预习成果展示、交流充分得当。

（4）有小组合作学习，小组内分工分明，小组长作用发挥充分，每位同学都参与其中。

（5）问题设计有层次，能启发学生积极思考；对学生的回答能有效反馈与评价。

2. 复诊：专题分析

笔者利用教学诊断系统，将与第四项指标中相吻合的视频进行分割，请同伴对分割的视频给予诊断。

我将同伴在诊断平台上对我分割的片段进行汇总，同伴认为，本节课在活动的设计、活动的展开、教师表现出来的教学行为、学生预习的展示、小组的配合、问题的设计，都能表现得很好。但笔者认真分析分割的视频后，从课堂的提问和学生应答这个角度观察师生之间的互动情况发现，学生基本上准确地回答了教师的课堂提问，说明学生基本上理解了本节课的教学内容；在观察中发现一个很有趣的现象，从教师提出问题到学生开始回答问题的时间差（即教师提出问题后至学生开始回答问题的时间——等候时间）看，这个时间绝大部分在 2 秒钟的时间内，说明学生听完教师提出问题后，几乎不假思索就能够回答教师提出的问题，这说明教师提出的问题浅显。所以从课堂表现出来的现象看，教师与学生互动很好，教学效果良好。但是，笔者认为，从学生思维的深刻性来看，这节课是失败的。所以笔者认为，根源在于教师问题的设计上存在问题，直接影响学生思维深刻性不够，将学生的思维碎片化了。所以笔者认为在这个问题上有必要和同行做交流和探讨。

（二）诊断报告分析

为什么笔者认为课堂提问会影响学生思维的深刻性而使学生的思维碎片化了呢？笔者认为，好的课堂提问能揭示矛盾、辨别正误、唤起联想、引起思维的功能，也有利于当堂反馈、当堂调控、调节教学的功能。如果教师提出的问题是一些"是不是、能不能、行不行"等之类的问题，学生的回答也只能是"是、能、行"等简单的回答，这样的回答无法判断学生对提出问题的理解程度，也就无法判断学生思维活动的情况，当然就更不要说培养学生思维的深刻性了。因此课堂提问质量的高低一定会对学生思维的深刻性起到促进和培养的作用，为此笔者将诊断确定为探究性诊断。

三、课堂片段实录与分析

我们看布鲁姆对课堂提问是怎么认识，他认为课堂提问按照思维发展的深刻性来说，可以将课堂提问分为六种情况，即识记型提问（不需要进行深刻思考的或者看一看书就能够回答的问题）、理解型提问（对知识理解后用自己的话回答或转述）、应用型提问（运用获得的知识解决新问题）、分析型提问（能够将一个问题分解成几部分，并在部分之间建立联系）、综合型提问（能够得出一个新的结论）、评价型提问（评价他人的观点或判断方法优劣）。按照布鲁姆对于课堂提问的分类，笔者将视频课例中课堂的提问摘录下来进行分类。

课堂实录（一）

1. 教材中列举了哪些机械波的实例？（识记型）（00：30）

2. 解释蜘蛛怎么会感知到有猎物来了？（理解型）（03：17）

3. 什么是机械波？（识记型）（04：35）

4. 机械波产生的条件？（识记型）（04：35）

5. 机械波传播的是什么？（识记型）（04：35）

6. 今天我们研究波源的振动是什么振动？（识记型）（06：36）

7. 丝带一端振动是怎样将这种振动和能量传递到另一端的？（理解型）（09：46）

8. 观察两个丝带的连接点是如何振动的？（识记型）（09：46）

9. 教材当中对机械波的形成是怎样叙述的？（识记型）（09：57）

10. 机械波在传播的过程中遵循什么规律？（分析型）（17：50）

11. 画出各个质点经过1/4、2/4、3/4、4/4、5/4周期时，各个质点的位置？（分析型）（21：56）

12. 阅读教材后，谈谈机械波的应用和危害？（识记型）

13. 根据机械波传播的性质，将铁架台上链条的一端从铁架台上脱落？（应用型）

这13个问题按照布鲁姆的分类标准，有8个识记型提问、2个理解型提问、2个分析型提问、1个应用型提问。从一节新授课来说，如果能够保持这样一个数量，这样一个比例，能够将每种类型的提问发挥得当，也应该能够对学生的思维的连续性、深刻性培养起到一定的作用。但是仔细观看视频录像，我们有发现另一个问题。本来是分析型提问（各个质点的运动遵循什么样的运动规律），教师又进一步将提出的问题分解：

课堂实录（二）

问题10：机械波在传播的过程中遵循什么规律？（分析型）

1. 各质点做什么运动？（分析型）

2. 各质点的开始振动时间是否相同？（识记型）

3. 各质点开始振动时的振动方向是否相同？（识记型）

4. 参与波传播的介质中的质点是否随波向前迁移？（识记型）

5. 质点的振动是否需要能量？（识记型）

6. 各质点振动能量的来源是什么？（识记型）

在研究上述问题的过程中，教师又将上述问题继续分解：

课堂实录（三）

师：大家观察机械波振动演示仪，我们把绳子分割成若干的质点。

师：（1）请回答波源做什么振动？（识记型）

大家答：简谐振动。

师：（2）如果它向上振动，它的加速度和速度怎么变化？（识记型）

大家答：加速度变大的减速运动。

师：（3）到达最高点的速度为多少？（识记型）

大家答：零。

师：（4）1号质点向上振动，2号质点向哪个方向振动？（识记型）

生：带动2号质点向上振动。

师：（5）2号质点振动后带动哪个质点？（识记型）

大家答：带动 3 号质点。

师：以后一次类推。

师：(6) 当 1 号质点运动到最高点时，1 号质点运动多少个周期？（识记型）

大家答：1/4 周期。

师：(7) 这时 4 号质点开始向哪个方向振动？（识记型）

大家答：向上。

师：(8) 这时 2 号和 3 号向哪个方向振动？（识记型）

大家答：向上。

……

将"机械波在传播过程中遵循怎样的运动规律"这样一个分析型问题中，教师将该问题分解（也包括追问）而提出的问题，共提出 22 个问题，经过分析这 22 个问题类型，属于识记型提问。本来理解型提问、分析型提问对学生的思维连续性、深刻性培养是很好的，但是由于教师将问题进行过渡的分解，导致难度下降，思维的连续性被中断，当然也就谈不上深刻性了，学生的思维就这样被教师一点一点地被碎片化了，所以笔者认为，从这样一个角度来说，本节课是失败的。

四、如何从课堂提问的角度来培养学生思维的深刻性而使思维不被碎片化

（一）精心设计课堂提问，保持思维的连续性，避免思维的碎片化

精心设计课堂提问是保持思维的连续性，避免思维的碎片化的最有效的方法之一。如果课堂提问不精心设计，很难保证思维不被碎片化。那么怎样精心设计课堂提问呢？在这一点上可以参考布鲁姆对这种问题的认识，可以按照布鲁姆对课堂提问的认识以及班级的实际情况来设计课堂提问。

下面以布鲁姆在分析型提问、评价型提问这两种类型的提问的目的、行为动词、常见的表达方式谈谈精心设计课堂提问如何保证思维不被碎化。

1. 关于分析型提问

分析型提问目的是在理解和应用的基础上考查学生把复杂的知识整体分解为组成部分并理解各个部分之间的联系的能力。包括部分的鉴别、部分之

间的关系的分析和认识其中的组织结构。例如能区分因果关系，能识别史料中作者的观点或倾向等。

分析型提问的行为动词有：区别、描写、绘图、分辨、推断、分析、分离、解释、连接、结构、排列、划分、筛选等。

分析型提问常见的表达方式是："……特色或特点是什么？……可以分为几个部分？为什么你认为……？……与……是怎样联系的？……的主题是什么？你发现了什么证据？……的动机和目标是什么？你得出了什么结论"。

比如在《机械波》的教学中，分析绳波在传播过程中遵循什么规律，这是一个分析型问题，需要学生将绳子分割成无数个质点，然后分析每一个质点在做什么运动，还有分析质点之间存在怎样的联系以及不同时刻各个质点的位置等，设置这样的问题，能够保证学生思维的连续性，深刻性，而不被碎片化。

2. 关于评价型提问

评价型提问的目的是需要检索与问题有关的知识，加以分析综合，得出结论。

评价性提问的行为动词是：评估、比较、对比、区别、批评、检查、决定、排队、分等级、检测、鉴别、推荐、挑选、研判、论证、做出结论等。

评价型提问常见的表达方式是："对……你的观点是什么？你同意这样做吗？你怎样证明……？你怎样评价……？如果……会更好？你用什么为这个行为做证明？你将选择……？你怎样决定……？你按照怎样的次序选择？"等等。

比如在《机械波》的教学的习题教学中，已知某一时刻的波形图，请用两种方法画出下一个时刻的波形图，并评价两种方法的异同。这是一个评价型提问，学生在思维活动在比较、判断中进行，能够保持思维的连续性。

（二）改进课堂提问的类型，保持思维的连续性，避免思维的碎片化

课堂提问类型的改变，思维连续性的时间会延长。如：本节课中提到"教材中列举哪些有关机械波的实例？"这样识记型问题，可以改为"教材中列举几种机械波的实例？都是什么？请同学再列举几个生活中遇到机械波的实例？"（理解型）这样提出问题，学生必须要通篇阅读教材，才能列举出教

材中共列举了几处机械波的实例，而且还要回忆除了教材中提到，生活还有哪些遇到的机械波的实例，这样就将学生的思维引向深入。又如："什么是机械波？"（识记型）改为"举例说明什么是机械波？"（理解型），也可以改为"阅读教材后，你认为声波是机械波吗？"（应用型）学生对于这样的问题首先要经过判断，然后进行分析，说明道理。学生想在教科书上找到现成的答案是没有的，但又不能离开书本瞎掰。这种将识记型提问变化为理解型提问或应用型提问的方法，引导学生动脑筋，既要用书本上的基本概念，又要靠自己的理解与分析才能解决。这样的问题具有一定的灵活性和趣味性，能启发学生去思考，活跃学生的思维，调动学生的学习积极性。

（三）减少课堂提问分解，保持思维的连续性，避免思维的碎片化

衡量课堂提问质量高低的标准是学生回答该问题是否通过努力，是否通过深入的思考。如果你提出的问题，学生马上就能够回答，这一定不是一个好的问题。教师在课堂教学中，非常容易出现这样的情景，尤其在出示公开课的时候，本来提出的是一个很好的问题，激发了学生学习的积极性，但是由于学生没能够马上回答，教师马上就会要给学生搭建台阶，如果学生还不能回答，就继续减少台阶的高度。本节课中教师理解型提问和分析型提问分解的过细，过窄，导致学生思维活动量不足，不利于发展学生的智力，也限制学习自主学习。学生得到的是一系列指令性的操作活动，并不清楚为什么要按照这样的思路分析。教师为学生搭建台阶是课堂教学中完成教学任务最重要的手段之一，但关键是台阶要适度。就本节课而言，可以这样提出问题。如：在传播的过程中，各个质点的运动遵循什么规律呢？可分解为（1）1号质点的在运动的过程中，速度、加速度、位移大小和方向如何变化？（2）各个质点在运动的过程中，与1号质点的运动有什么区别？这样给学生预留思考的空间、讨论交流的空间，有利于学生思维连续性，减少思维被过度的碎片化。

（四）给学生更多的思考时间，保持思维的连续性，避免思维的碎片化

在本次教学中，我们发现，提出问题后给学生预留时间过短，是造成学生思维深刻性不够的原因之一，那么多长时间比较合适呢？有的专家认为，

一般对于识记型提问，时间 2—3 秒即可，但是对于理解型以上的课堂提问，要求至少给学生 3 秒以上的时间。实验结果表明：3 秒以内，学生回答的结果，和 3 秒以上学生回答问题结果是不一样。当然要根据提问的难度，也不是时间越长越好，我认为要根据学生的实际情况，比如本次课中，教师提出"请画出不同时刻的各个质点的位置图像？"这是一个分析型提问，学生要将 1/4 时刻、2/4 时刻、3/4 时刻、4/4 时刻、5/4 时刻的波形图全部画出来，一定要给 5 分钟的时间，还得需要学生之间的讨论、教师的点拨，这样才能够很好地完成对问题的解答。

（五）精心设计问题链，保持思维的连续性，避免思维的碎片化

设计出一系列环环相扣的问题引导学生思考，这样的问题要相互联系、相互配合，这几个问题形成一个整体，几个问题解决了，整个问题就解决了，通过问题链保持学生的思维连续性，将思维不断引向深入。如本节课设计了（1）什么是机械波？（2）机械波产生的条件是什么？（3）机械波是怎样形成的？（4）机械波在传播过程中，所遵循的运动规律是什么？（5）不同时刻各个质点位置如何？（6）机械波的危害和应用？其实上述每一个问题都要学生经过一定的努力才能做出回答，对于比较难的课堂提问，教师在提出这些问题时，不要将几个问题同时提出，容易造成学生抓不住核心问题，最好的办法是提出一个问题，解决一个问题，一点一点让学生体会思维的发展过程。

（六）提问的指向性明确，保持思维的连续性，避免思维的碎片化

课堂提问作为一种信息的指向，目的是理解教学内容的深刻含义。可是我们从视频课例的反复观看发现，有时出现学生不知怎么回答或答非所问的现象，多数原因是教师提问的指向性问题，就是提出的问题不清晰。如在本课中，"机械波传递的是什么"，这样的指向是不明确的，学生也没有办法沿着正确的方向思考，就更谈不上思维的连续了。如果改成"你怎么理解教材中提出机械波传递的是振动和能量"，这样学生思考的目标就更加明确了，教师也很容易启动学生的思维，并将学生的思维引向深入。

爱因斯坦说过"提出一个问题比解决一个问题更重要"，课堂提问的最高层次，是学生能够主动提问，教师的作用是创设问题的情境，培养学生的问

题意识，如果学生能够主动提出问题，就能更好地保持自己的思维的连续性而不受到外界因素的干扰。

【案例导读】

该案例与本章第三节所呈现案例的不同之处在于它看上去并没有明显的叙事性，不是对教育教学过程中一个具有故事性的教学事件的叙述，而是对一个课例开展基于事实和证据的诊断，在诊断的基础上进行反思，在反思的基础上提出解决问题的策略与方法。

其实，如果认真思考一下，这一案例同样具备一般案例的基本特征和关键要素。如前所述，案例往往包含着问题与冲突，因为某种外部的力量导致了研究者认知、情感、观念层面的冲突，从而促使案例研究者对固有的观念、策略或处理问题、解决矛盾的固有做法进行反思，从而实现了情感上的融通、认识上的提升，乃至观念上的转变。本案例同样具备这一特点。作者根据自己对教学内容和学生学情的理解，提出了教学设想并予以实施，通过视频切片研究，在专家、同伴与自我的评价中，出现了认知上的偏差，促使作者对原来的教学设计和实施策略进行反思，最终发现"教师问题的设计上存在问题，直接影响学生思维深刻性不够，将学生的思维碎片化了"。

基于这一认识，作者将课堂中的问题进行归类分析，发现问题的根源在于教师将"机械波在传播过程中遵循怎样的运动规律"这样一个分析型问题不断分解，导致本来属于理解型、分析型的提问，变为单纯的识记性问题。问题的难度下降，学生思维的连续性被中断，当然也就谈不上深刻性了，学生的思维就这样被教师一点一点地碎片化了。

探究到问题的根源后，作者通过反思，就"如何从课堂提问的角度来培养学生思维的深刻性而使思维不被碎片化"这一问题展开深入思考，提出了解决问题的六个方法和策略，从而完成了本案例研究的"反思与讨论"环节。

应当指出的是，随着课程改革的不断深入，案例研究的学理探究也越来越深入，人们不再仅仅满足于对教育教学中特殊事件的感性描述和体悟，而更愿意对教育教学开展更有学理性和内涵性的研究。本案例在这一方面具有较高的借鉴意义。

第七章

反身而诚　乐莫大焉
——教师的科学研究之 "教学反思"

美国著名教育家、哲学家杜威曾说过："教师的成长和发展的第一步，就在于教师自身的反思。"[1] 这里的"反思"，当然还不只局限于我们这章要着重探讨的"教学反思"，从某种意义上说，理解为教师身份与职责意识的觉醒，以及在此基础上的自我期许，似乎更准确一些，但无论如何，这一"反思"，已经包含"教学反思"在内了。相比而言，他的后辈同乡、心理学家迈克尔 I. 波斯纳的意见，对于我们这里要讨论的"教学反思"而言，则更具有针对性。他说："没有反思的教学经验是狭隘的经验，意识性不够、系统性不强、理解不透彻，容易导致教师产生封闭的心态，不仅无助于，而且可能阻碍教师的专业成长。如果一个教师仅仅满足于获得经验而不对经验进行深入的反思，那么他的教学水平的发展将停滞不前，甚至有所滑坡。即便有多年的教学经验，也只能是一项工作的多次重复。"他还提出了一个著名的教师成长公式："经验＋反思＝成长"。对于教学反思在教师成长过程中的重要性，我国不少教育研究专家也有很深刻的认识，比如老一辈的著名心理学家林崇德先生就曾提出了"优秀教师＝教学过程＋反思"的成长公式。华东师范大学教育学教授叶澜对此也有一个很精辟的阐发："一个教师写三年教案不一定成为名师，如果一个教师写三年的反思，有可能成为名师。"

其实，对反思的重视一直是我国历代教育的优良传统之一，几千年来不仅留下很多佳话，而且与此相关的论述同样很精辟。大教育家孔子结合对其弟子宰予的教育，留下了一段深长的感喟："始吾于人也，听其言而信其行；今吾于人也，听其言而观其行，于予与改是。"（《论语·公冶长》）这恐怕应该是中外教育史上有据可查的最早的教学反思了吧。《礼记·学记》中有这样的话："知不足，然后能自反也。知困，然后能自强也。故曰教学相长也。"这里的"自反"和"自强"，强调的正是从"教"和"学"两个方面而言的反思行为和效果。

对于"反思"，历史上不仅有理论层面的揭示和实践层面的践行，而且还

---

[1] ［美］约翰·杜威. 我们怎样思维·经验与教育［M］. 姜文闵，译. 北京：人民教育出版社，2005.

有哲学层面上的论述。《孟子·尽心上》曰："万物皆备于我。反身而诚，乐莫大焉。强恕而行，求仁莫近焉。"意思是说，对于我来说一切都具备了。如果反躬自问自己确实做到了内心诚明，就再快乐也没有了。如果能不懈地以推己及人的"恕道"行事，达到仁德的境界就再便捷不过了。我们从事的教育教学工作，不就是"仁而爱人"的事业吗？所以从这个意义上说，教学上的"反身而诚"，就是一种教育教学工作中"推己及人"——造福学生，成就学生——的仁德行为。

重视反思的传统绵延流传，当代著名语文教育家于漪老师更是留下了"一份教案三次备课"的教坛佳话，以坚实的行动生动地诠释了"让生命与使命结伴同行"的发愿，并告诉每一位教师，教学反思在教师成长与发展过程中是多么的重要。她每节课必写"教后"，几十年如一日，深思精进，终成为世人敬仰的一代名师。

确实如此，教学反思是教师成长的心理和智慧脚手架，可以帮助教师不断超越已有专业水平，攀升到新的教学高度，获得更为宽广的学术视野，从而成为课堂上的行家、能人，乃至于王者。

第一节　教学反思的含义与特征

一、教学反思的含义

反思（reflection），通俗一点讲，就是对自己的所作所为、所思所言回过头来想一想。在生活中，对自己的思想和行为，我们经常会有幡然醒悟的片刻，这种"幡然醒悟"，其实就是反思的结果。当再处理类似事件时，理解认识就提升了，经验就丰富了，方法就高明了，应对起来就从容得多了。

从认知心理学角度来说，"反思"属于元认知的范畴。正因如此，"元认知"也被称为"反思认知"。所谓元认知，就是对认知的认知，其实旨在对自我认知活动的自我意识和自我调控。从这个意义上来说，反思，就是对自己的"思"和由"思"所决定的言语行为的自我认识和自我调控；而教学反思，就是教师对自己的教学实践的一系列要素，包括教学意图、教学目标、教学设计、教学实施行为及其各环节之间的内在联系，以及教学所达到的最终效果，进行理性审视和客观分析，在此基础上制定出改进与优化方案的过程。

生活中我们会发现，成功人士往往善于自我反思、自我剖析，这不仅让他们立身处世更加成熟，富有生活智慧和人格魅力，而且对生活的理解也往往比别人更有深度，行动更有力量；而那些从来不知反思、不愿反思和不会反思的人，往往是生活的失败者。教师的职业生活中也是这个道理，实践证明，优秀教师无一例外都是能够对自己的教育教学工作进行反思，甚至是在反思基础上开展研究的。因此，从这个意义上来说，反思能力是教师发展的决定性要素。

二、教学反思的特征

作为教师发展的决定性要素，教学反思具有如下特征：

（一）内隐性

教学反思属于元认知、元体验和自我调控的过程，是对教育教学工作的自我审视和省察，因此，它具有极为鲜明的个体化、自我化等内隐特征。鲁迅先生在《〈故事新编〉序言》中反思自己的《不周山》（即《补天》）创作时说："况且'如鱼饮水，冷暖自知'，用庸俗的话来说，就是'自家有病自家知'罢：《不周山》的后半是很草率的，绝不能成为佳作。"[1] 关于《不周山》的艺术水准究竟如何，鲁迅研究学界自有公论，我们姑且不论。而其中"如鱼饮水，冷

---

[1] 鲁迅. 鲁迅全集：第二卷 [M]. 北京：人民文学出版社，2005.

暖自知"和"自家有病自家知",却实实在在地说出了反思的本质特征。

教学反思当然具有一般反思的共同特征,是个体化的、内隐的,别人无法替代,因此也就无法觉察,从而便很难以外力来助推的一种思维和认知过程。人们只能从反思的效果,才可以感知到一位教师反思的深度,以及由反思而达到的专业高度。从这个意义上来说,教学反思其实就是跟自己较劲,是自我专业领域内的"静悄悄的变革"。

(二) 自觉性

正因为教学反思具有个体性、内隐性的特点,所以,一位教师是否愿意对自己的教育教学具体工作进行反思,便是自身的事情。俗话说,"牛不喝水强按头""强扭的瓜不甜",如果一个教师还没有形成专业发展的自觉性和主动性,没有改进自己教育教学实践的强烈愿望,即便通过行政命令,最多也只能得到一份勉强称为"教学反思"的文档,其中究竟有多少实实在在的"硬货",便很难说了。这正是很多教育管理者总是抱怨多数教师的教学反思只是"反"而不"思",教师应付了事的真正原因。只有当一名教师对自己的教学现状感到不满,具有强烈的改变现状,突破自我教学经验局限的迫切需要时,真正的教学反思才有成为可能。于漪老师从 60 年代开始,每堂课后必写"教后",完全不是因为什么外部的指令,也不是因为要著书立说的功利需要,而是出于对教育教学工作高度自觉的使命感,出于"生命与使命结伴同行的对教育、对语文、对学生的赤诚与执着"[1]。这样的反思,不一定长篇大论,哪怕只有三言两语,也会极具成效。

(三) 发展性

教学反思的重点不在"反"而在"思",目的是为了吸取经验,发现问题,提高认识,改进工作。正如熊川武教授所说:"教学反思过程就是教师借助行动研究,不断地探究与解决自身教学目的以及教学工具等方面的问题,

---

[1] 于漪. 新世纪教育论丛·小引 [M]. 南宁:广西教育出版社,2008.

将'学会教学'和'学会学习'统一起来，努力增强教学实践的合理性，使自己成为学者型教师的过程。反思可以使教师从冲动的、例行的行为中解放出来，以审慎的、意志的方式行动；可以使教师从教学主体、目的和工具等方面，从教学前、中、后等环节获得体验，变得更加成熟。"[1]

有一位退休教师在回首自己的教学生涯时，把教师职业比喻为"渡船老板"，因而不由得喟然长叹："别人都渡到了彼岸，只有我仍旧留守渡口"。说实在话，这样的教师，活得确实是够"窝囊"的。之所以如此"窝囊"的根本原因，其实就在于他在职业生涯中放弃了对教育教学工作的反思，因此也就没有发展。试想，如果换一种活法：在摆渡他人时，不断思考如何使自己的渡船技术日趋精湛。当看到自己破旧的木舢板运载能力、安全性能很有限时，能充分调动各种有利因素，引进各种资源，把木舢板升级成豪华渡轮。那么，当看到越来越多的人被自己摆渡到彼岸时感激的笑脸时，做一名渡船老板还是让人感到"窝囊"的吗？这样善于反思的教师，在摆渡他人时是不是已经把自己也摆渡到了另一个彼岸了呢？

三、教学反思的意义

（一）形成专业自觉

教师专业自觉的一个重要标志，就是对自己教育教学行为的合理性、专业性具有准确的判断力。日常工作中，有些教育教学行为是一时冲动、随机投缘，或者短时间的灵光乍现而发生的，这样的教学行为，即便是专业的、合乎教育教学规律的行为，充其量也只如康德所说的，"无目的的合目的性"。因为教师缺乏专业自觉，这样的专业行为便不具有衍生性和可重复性，也就不能成为教师在教育教学工作中的常态。而经过教学反思，教师就能够将自己随兴的教学

[1] 熊川武.反思性教学 [M].上海：华东师范大学出版社，1999.

行为，与教学效果相结合，从中探寻内在的规律，再辅之以专业书籍的阅读和其他理论学习对这种反思的成果予以印证甚至深化，并具有了对自己教育教学行为的专业自觉，从而让自己的工作，从构思到具体实施，日益走出认识上的盲区和自发的随意性，而逐渐进入专业自觉的光明境域之中。

（二）促进专业发展

教师专业发展的前提，就是对自身专业发展的自觉追求。在这一方面，教学反思不仅是一个重要途径，而且还具有相当重要的催化作用。这是因为，那些主动并善于开展教学反思的教师，往往是对教育教学工作有高标准、高要求的人，反思的过程会让这些教师逐渐感到自己学识、能力上的不足，越来越深刻地认识到，在自己的专业知识和能力结构上，原来竟然有那么多真空地带。于是开阔视野、增加学识、提升能力上的需求便会越来越强烈，学习、发展、提高的内在动力便会越来越充足，并因此而发奋学习，四处求教，如饥似渴地阅读。最终，其实践能力、理论修养和学术水平就会得到显著提高，成长为"专家型教师"甚至名师巨匠便是水到渠成的事了。

（三）提升思维水平

教师首先是脑力劳动者，思维水平的高低，与工作质量和专业发展程度密切相关。在一般情况下，如果没有教学反思的习惯，对工作中的经验、亮点，或者那些值得深思的情节往往会因缺乏足够的敏感度而任其流逝。如果有所关注，有所认识，但是由于没有在反思上的深度追问，往往就会浅尝辄止，不做深度的探求。而自觉地教学反思，会让教师对教育教学中的具体现象形成足够的职业敏感，有意识地去梳理现象、情节、动机、行为的来龙去脉、前因后果，从而形成全面的、系统的、结构化的认识。

养成经常写教学反思的习惯，还会让自己对问题的思考趋于逻辑化、理性化、条理化。这种经常性的训练，对于联想、思辨、分析、综合、判断、推理等思维能力的发展与提升，其作用无疑是十分巨大的。高水平的思维能力，是教师的认识能力、判断能力、决策能力、实施能力和写作表达能力的重要保证。长此以往，教师就会在纷繁复杂的教育现象和头绪繁多的教学工作中，具备锐利的眼光、清晰的判断、高明的智慧、无往不利的教育教学实施力，以及对于自我主教育主张的清晰而富有见识的表达水平。

第二节　教学反思的内容与类型

于漪老师曾经说过："学校里顶难顶难的事就是上课。"这确实是深明教学底里的知味之言。一堂课，看上去就那么短的时间，小学的一堂课三十五分钟，中学也只有四十至四十五分钟，可是要把这短短的三四十分钟上出高效率，上出高质量，让学生学有所得，思有所进，情有所动，却远不是一件容易的事。课堂教学是一件综合性很强的工作，它既是知识传授的过程，又是能力培养和提升的过程，同时还是师生人际交往、情感互动的过程。这个过程是否有效、有劲、有味道，不仅涉及"对不对"的事实判断问题，而且还涉及"好不好"的价值判断问题，以及"喜欢不喜欢"的情感认同问题。而课堂情境瞬息万变，影响因素错综复杂，看上去好像微不足道的一个细节，也可能形成"蝴蝶效应"，影响课堂的整体效果。

正因如此，教师在写教学反思时，往往感到有些茫然，不知道该从何处入手，该反思些什么。佛家有言："弱水三千，只取一瓢饮。"面对复杂事物，如果能够化繁为简，事情做起来往往就容易得多了。

一、教学反思的内容

（一）反思亮点以长善

每一节课都是教师精心设计的节目，都是教师和学生展现风采的舞台。

在教学设计和实施过程中，总有一些瞬间让整堂课闪耀光芒，总有一些精彩让课堂绽放美丽。而这些闪光的亮点和精彩的瞬间，绝不是毫无来由的，而是富有包蕴性的教学片段，包蕴着教师对学科教学的深刻理解，对学生学习规律的深入领会，对教学过程的调控艺术，对教学时机的准确把握，更包蕴着学生丰富具体的学习心理，包蕴着智慧和情感受到激发时生命绽放出来的光芒。及时捕捉这些精彩美丽的瞬间或者匠心独运的设计，平复激动的心情，冷静客观地分析其中蕴含的教育教学规律，就能提升课堂教学水平，增强自我专业能力。长此以往，就能将"不可预约的精彩"转化为"可以预设的剧情"，将"不期而遇的美丽"转化为"可以邀约的幸福"，将"偶然闪现的灵感"转化为"不断创生的智慧"。

（二）反思遗憾以救失

教学永远是充满遗憾的艺术。一堂课，哪怕再精彩，也总会有不足之处，至少有些地方还可以处理得更好；一次活动，哪怕再成功，也总会有疏漏之处，至少有些环节还可以开展得更有成效。因此，从某种意义上来说，教学就像马勒的交响曲——永远"未完成"。而正是课堂上、教学过程中这些"未完成"、待提高的遗憾、不足，让教师专业水平、业务能力的进一步发展成为可能。

为什么这样说呢？常言道，失败总是有原因，成功一定有理由。教学中的遗憾和不足，虽然不能等同于失败，但同样表明，教师在与这些遗憾、不足密切相关的知识、能力，或者观念、认识上还存在短板，正是这些知情意行上的短板，在特定情境之下因缘际会，让课堂暴露出了缺憾。当教师不能尽快弥补这些不足时，教学中的遗憾从这个意义上来说恰恰是教师专业发展的诊断工具，正视教学中的遗憾，并充分发挥它的反思价值。教师就抓住了自己专业知识结构的本真症候，从此处入手，运用正确的方法，以客观严肃的态度进行反思，探求出现问题的原因，寻找解决问题的途径，并及时弥补自己专业方面的不足，在今后的教学过程中，可以最大限度地避免类似问题的发生。因此，着眼于教学中的遗憾开展反思，既是教师对学生高度负责的表现，也是不断提高自身教学水平的客观需要。

（三）反思疑难以自强

从某种意义上来说，课堂就是生成问题，解决问题，旧的问题解决的同时又生成新的问题的场所。有问题，就必然有难以解决或不能解决的时候。难以解决或不能解决的问题就是课堂教学中的疑点和难点。针对课堂教学中的这些疑点和难点开展教学反思，也是教师提高教学水平的重要途径。

课堂教学中的疑点和难点可以从教师和学生两个角度来认识。就学生而言，上完一堂课，学生对所学的内容是不是完全接受了、理解了、消化了，如果有些该掌握而实际上却还没有充分掌握的知识点，就说明在教学上可能出现了问题；另一方面，现代课堂特别强调教学过程的生成性，在课堂上，随着教学的不断推进，学生很可能对所学内容提出这样或那样的疑问，而面对学生的这些疑问，教师不一定全部都能够予以完满的解决。教师如果能够及时把学生学习的疑点和难点记录下来，深入反思出现这些疑点和难点背后的教学原因，探寻解决这些疑难的方式方法，长此以往，对于提高课堂教学水平无疑是非常有帮助的。

就教师而言，教学中的疑点和难点，往往是教材中的难点，教学处理难度相对来说要求比较高。一堂课中，受教师对教材理解深度的限制，或者受教师驾驭教材能力的限制，该教清楚的地方不一定教得透彻明白，该讲深刻的地方有可能还没有达到应有的深度。教学过程中，自己就会感到教得不顺手、教得不到位。那么是什么原因让自己对这些教学疑难点的理解把握和处理上出现了问题呢？是自身知识结构上的问题，还是方法技能上的问题，抑或是师生的沟通对话上出现了问题？这些教学中的疑难点暴露出来的问题，其中必然隐含着丰富的课程、教学乃至心理方面的信息，有待于我们去深入的思考。如果教师能够对这些问题在反思的基础上进行深入细致的分析、比较、研究，长期坚持，必将极大地提高教师处理解教材、处理难点、驾驭课堂的能力。

（四）反思重构以突破

教学反思是教师发展的阶梯。讲完一堂课，教师有时会感到稀松平常，亮点不突出，问题不明显，整个教学过程波澜不惊。这样的课，一般我们会称为"常态课"。但是，如果日常的每一堂课都满足于这种平平淡淡，时间一长，学生学起来就会感到无趣，教师教起来会感到没劲，教学效果自然就会大打折扣。

因此，在日常教学中，教师还要关注教学的重构与创新。要有一种不满足的精神，警惕教学上的惯性，多在创新与突破上下功夫。一次教学任务完成后，不妨静下心来想一想，学生的思维有没有得到有力的激发，学生的情感有没有得到充分的调动，学生的能力有没有得到充分的训练，教法上还有没有创新的可能性，教学资源有没有得到充分的开发和利用，等等。正是在不断思考新的教学可能性的过程中，教师才可能摆脱教学惯性，突破专业的桎梏，像破茧成蝶一样，获得教学的自由。长此以往，教师的教学能力和教研水平就能提高到一个新的境界。

二、教学反思的类型

从不同的角度来看，教学反思可划分为不同的类型。

（一）按反思功能划分

如前所述，反思属于元认知范畴，是教师对自身教学设计与实施的思维与行动的认知和调控。所以，教学反思贯穿于教师教育教学工作的全过程。按反思的时间和相应的功能来划分，教学反思可以分为前瞻性反思、监控性反思、发展性反思三种类型。

1. 前瞻性反思

有些教师认为，教学反思只是教学实施之后才能够进行的，课还没有上，反思什么呢？这种认识其实是偏颇的。实际上，在教学实施前教师对自己的教学设计也应该有所反思，这种反思，旨在预见教学实施过程中的问题并制定相应的策略，我们称之为前瞻性反思，就是在上课之前，教师对自己的教学设计进行的反思。前瞻性反思对于教学成效具有非常重要的作用，它在教学行为尚未发生前，就通过反思的调控作用，对教学设计中的一些不合理因素进行调整，从而尽可能避免教学上的不足，使教学成为一种自觉的实践，并有效地提高教师的教学预测和分析能力。于漪老师有"一堂课备三遍"的做法：首先不参考任何资料，独立钻研教材撰写教案；然后根据对教材的理解和产生的困惑，查阅资料，对原先的教案进行补充和调整。课上完后，根据课堂上学生的学习反应和自己的上课体会，撰写"教后"，并再次修改、补充、调整原来的教案。这三次备课，前两次备课过程都伴随着教师的前瞻性反思。

2. 调控性反思

所谓调控性反思，又可称为"教学中反思"，即教师在教学过程中对自己的教学行为进行实时反思。在新课程背景，调控性反思显得尤为重要，这是因为，以学生的学习为主要导向的课堂教学，需要根据学生学习的实际情况，对课堂教学内容、教学方法、难度和教学过程进行必要调整。这就需要教师时刻关注学生的学习过程，通过反思及时调整课前预设的教学方案，从而尽量课堂教学效果最优化。调控性反思对教师的教学行为具有监控性，它不但能使教学过程高质高效地进行，更有助于提高教师的教学调控和应变能力。为了使反思更有效，更有针对性，在教学过程中，教师可运用录音和录像技术，结合课堂观察，为教学反思提供信息。

3. 发展性反思

发展性反思是指教师上完课后对整个教学过程做出理性分析，根据教学反馈进一步修改和完善教案，明确课堂教学改进的方向和措施，从而推动自己教育教学能力的发展。前面曾讲过，于漪老师从二十世纪六十年代开始，几十年如一日，坚持每节课必写"教后"，这就属于发展性反思。

发展性反思具有批判性。在发展性反思中，教师通过对教学过程中亮点的捕捉，总结规律，发现、研究并解决问题，从而不断丰富自己的教学经验，将教学经验系统化、理论化，使认识上升到一个新的理论高度，从而达到提高教学水平的目的。

（二）按参照对象划分

在教学实践的行动过程中，教学反思总是通过一定的参照对象来具体展开的。因此，根据参照对象的不同，教学反思又可分为横向反思和纵向反思。

1. 横向反思

所谓横向反思，就是以自己的教学实践为认识对象，通过与同伴或同行的同类教学实践相比较，发现自身在教学理念、教材理解、教学方法、教学过程等方面的差异，并进而探寻这些差异的内在原因，达到提高自身教育教学理论和实践水平的目的。新课程实施过程中，各地经常开展"同课异构"的教学研讨形式，从某种意义上来说，这种研讨形式的目的，就是为了促进教师的"横向反思"。其实，在日常听课或其他教研活动中，如果一个教师富有研究意识，那么他就总能将自己观察学习的对象与自己的教育教学实践结合在一起展开思考，从中反思自己教学的利弊得失，从而提高自己的认识水平和实践能力。与横向反思相应的研究方法，最主要的是比较研究法。

2. 纵向反思

所谓纵向反思，就是将自己的教育教学实践和认识放在一个历史发展的过程中，通过对不同时间节点上自己在教育教学的理解认识和实践能力上的不同水平的比较，梳理自己成长的轨迹，探寻自己发展的动因和根源。比如，同样的教学内容，第一次教授和第二次教授有哪些不同？为什么会有这些不同？在教学内容的确定、教学方法的运用、教学过程的安排上，自己的做法发生了哪些变化，这些变化的背后，反映出自己教学理念、教学能力上实现了怎样的突破和滞后？经常性的纵向反思，教师对自己今后努力的方向感会更明晰，对教育教学规律的理解和认识会更深刻。行动研究法是开展纵向反思最常用，也是最重要的研究方法。

（三）按反思内容分

从反思的内容来看，教师可以针对一节课、一个教育教学事件开展反思，可称之为"案例性反思"；也可以针对一个阶段的教学活动开展反思，可称之为"阶段性反思"；还可以聚焦于自己某一阶段的研究主题，结合课堂教学或其他教育教学实践进行反思，可称之为"探究性反思"。这些反思类型比较容易理解，兹不赘述。

第三节　教学反思的思维与写作

一、教学反思的思维方法

教学反思是对自己的教育教学实践的认识和思考过程，因此，教学反思的质量，从某种意义上来说就是教师思维的质量。

（一）批判思维

批判思维的核心是对思维对象的深度辨析，包括对相关信息的搜集和梳理，以及在此基础上所展开的富有逻辑思辨力量的分析、综合、推理、判断等。教学反思的过程，就是对教育教学活动——一堂课，或一次师生交流对话，或一次探究活动，或一次主题班队会——客观分析和冷静思辨的过程。在这一过程中，教师通过不断地追问，展开分析、推论、说明、自我评价等思维活动，穿透现象而抵达本质，着眼结果而探寻原因，经由局部而把握整体。这样的反思，就是有深度的反思。

以于漪老师的教学反思为例。在《劝学》教学反思《把握好应有的"度"》[1]一文中，于漪老师回顾课堂的基本教学过程后，反思如下：

课总算在朗读、讲述中结束，大部分学生也能基本背诵，尽管疙疙瘩瘩不通畅。课上得很不舒服。问题还不在于教学内容如何组织，总觉得缺了一点什么。学生经过初中阶段的学习，为什么连"虽"之"……者……也"这些最为基本的文言虚词和句式都不甚了了，译成白话不是译错，就是遗漏。原因何在？教师都是尽心教的，为什么有些学生就记不住呢？

回想起来，平时教学确实常有就事论事的情况。就某篇课文中某个句子讲解、翻译，学生往往只是感性上理解，字词搬个家，搬到别的文中，就又陌生起来。文言词句有其自身的规律，学生接触文言文少，一鳞半爪学一点，知识不成串，不可能认识和把握规律。阅读翻译，不到位，或出这样那样的差错，在所难免。这不得不迫使我思考这样一个问题：语文知识要不要教？哪些要教，哪些不用教？什么场合教？教到什么程度？如文言虚词，随文学习有其易学易懂的优点，不必专门讲授古汉语知识，但随文学习，学生偏重于感性，而且这种学习是散点的，散在文章之中。学到一定阶段，必须把有关的字、词、句加以归纳、梳理，提高到理性上认识，思考其意义及运用的

---

[1] 于漪. 把握好应有的"度"[M] // 于漪. 于漪新世纪教育论丛·反思. 南宁：广西教育出版社，2008.

规律。规律一旦掌握，遇到新的文章、新的文句，脑子里就会立即出现有关字词句意义与功能的多种可能性，联系上下文推敲、比较，可迅速做出正确的判断。在散篇阅读积累的基础上，认识和掌握规律，文言文阅读能力就会明显提高。

课上完了，从于漪老师的描述来看，"大部分学生也能基本背诵"，应该说就这堂课来看，教学目标达成了。但是，作为一个具有反思精神和习惯的教师，于漪老师却并不满意，因为"疙疙瘩瘩不通畅"，因为自己感觉"课上得很不舒服""总觉得缺了一点什么"。所以说，对教学活动的不满足和怀疑精神，是批判思维的起点。

基于对课堂教学的整体感受，于漪老师进一步追问：学生暴露出来的这些问题，"原因何在"？教师"尽心教"而学生为什么"记不住呢"？正是基于这样的追问，教师才能够由现象而抵达本质，由结果去探寻原因。

由《劝学》这一课的教学问题，于漪老师想到了"平时教学就事论事"的情况，进而思考"语文知识要不要教？哪些要教，哪些不用教？什么场合教？教到什么程度"的问题。这就使教学反思抵达了语文教学的核心领域。通过这样的反思，教师对语文教学中如何把握"文章阅读"和"语文知识"的关系便形成了较有深度的认识。

（二）侧向思维

侧向思维是与"正向思维"相对的一种思维方法。这种思维方法是指除了从对象本身展开思考之外，关注与思维对象有关的其他事物和对象，从反思对象与其他事物的密切联系中受到启发，探寻原因，寻求解决问题的途径和方法，从而拓宽思考问题的宽度，开掘对思维对象认识的深度，并获得解决问题的新视角和新思路。

在教学反思时，作为教师，不妨转换一下立场，从学生的角度，或者家长的角度思考一下问题；作为某一具体学科的教师，不妨从其他学科领域，运用其他学科的相关知识，可能会获得一些新的启示和灵感；还不妨跳出所反思的教学事件发生的特定时空，联系其他情境中的类似事件，也可能会形成一些规律性的认识。

仍然以《把握好应有的"度"》为例：

由此，我联想到《劝学》中比喻的运用。通篇设喻，一气呵成。阐述学习的终极目标，喻人性是可以改变的；阐述要善于学习，要利用有利条件充实自己，一连串比喻阐明"假物"之利；阐述学习的方法与态度，用一连串的比喻使之具体生动。种种议论，着眼于一个"劝"字；而议论之所以不空泛，既循循善诱，又说理精辟，十分得益于比喻的巧妙运用，张弛得法。写作手法如此清晰，学生怎会有"弄不清楚"的感觉？小学生就知道比喻，初中学生对比喻的本体与喻体有所了解，但对运用中的千变万化知之甚微，整篇文章寓议于喻，缺少直接的分析说理，学生弄不清楚，也在情理之中。高一学生只有初中的底子，未碰到如此复杂的设喻，教学时讲述必要的知识，不是外加，而是有效的阅读指导。

在这段反思文字中我们看到，于漪老师由前面对文言词语、句式的教学问题，联想到了"比喻的运用"，从"比喻"的教学，进一步思考学生在语文知识学习上出现的问题，探寻导致这些问题出现的原因，由此更清晰地认识到，"教学时讲述必要的知识，不是外加，而是有效的阅读指导"。这就是在教学反思中运用侧向思维的作用，它让教师对问题的思考和认识获得了更宽阔的视野，因而也就更有利于去探求本质和规律。

再比如数学特级教师潘小明的《"冰山原理"新解[1]——"长方形的面积与周长"案例与教学反思》，在教学反思部分中，作为数学教师，他从文学领域获得启示，从海明威的"冰山理论"感悟到数学知识与数学情感、数学思维之间的关系，同样是侧向思维的妙用。

（三）比较思维

在第二节中，我们提到了"横向反思"和"纵向反思"两种教学反思的

---

[1] 潘小明."冰山原理"新解："长方形的面积与周长"案例与教学反思 [J]. 小学教学：数学版，2008 (7-8).

类型。不管是"横向反思"还是"纵向反思",都要在与相关对象的比较中才能展开思维的过程。因此比较思维也是开展教学反思时经常采用的非常重要的思维方法。根据反思对象的特点和教学反思的目的,开展比较思维,可以在同类事物之间展开,也可以在不同类事物之间展开;可以"同中求异",也可以"异中求同"。可谓"运用之妙,存乎一心"。

比如上面引用的于漪老师《把握好应有的"度"》这一教学反思,其实不仅是运用侧向思维的范例,同时也体现出很鲜明的比较思维的特点。"文言知识教学"和"比喻的运用",显然是语文教学中的两个不同的知识点,这是二者之"异"。通过这两个不同的知识点教学,于漪老师"异中求同",完成了对语文"知识教学"的一些规律性认识。

(四) 创新思维

通常情况下,教学反思不仅要认识教学中的经验、问题,从而形成规律性的认识,而且还要提出解决问题、进一步优化教学方案的方法和路径,这就需要教师在教学反思时要有创新思维。有人将创新过程分为四个阶段:"寻找挑战、描述问题或争议、研究问题或争议、产生想法。"[1] 可见,创新思维并不仅仅指向教学反思过程中最后的一个阶段——提出解决问题、优化教学的方案——这一环节,而是贯穿于教学反思的整个过程。因为教学反思就是一个发现问题、分析问题、解决问题的过程。创新思维的本质就在于将创新意识的感性愿望提升到理性探索的高度之上,从而实现创新活动由感性认识到理性思考的飞跃。如果没有创新思维,教师就难以发现教学中的问题或者亮点,也难以穿透教学过程中一个个鲜活的情景和细节构成的教学现象而探寻到问题的本质和原因,更难以提出教学的其他可能性,难以寻找到解决教学问题的全新的思路和方法,难以在原有基础上提出进一步优化、改进教学方案的策略。

---

[1] [美]文森特·赖安·拉吉罗著. 思考的艺术(第10版)[M]. 金盛华,李红霞,邹红,等,译. 北京:机械工业出版社,2015.

应该指出的是，创新思维虽然常常表现为一种不受现成常规思路约束的灵感，但是究其根源，它却并不是心血来潮时的灵光乍现，而是建立在逻辑思考基础上探寻解决问题新思路的思维过程，正如研究者所指出的那样："绝大多数创造性的方法都是逐渐获得的，这要基于对细节的敏感和细心的分析"[1]。因此，创新思维应该关注对思维的设计与建构，这一过程，既是对自己整个思维流程的设计与调整，又是对思维指向的大胆假设与评估。也就是说，在一个逻辑清晰的思维流程基础上，提出富有创造性的、合乎思维逻辑的、有利于问题解决的建设性方案。

在《把握好应有的"度"》这一教学反思中，于漪老师的创新思维就表现出这样的特征。她经过对"语文知识教学"与"文章阅读教学"之间暴露出的问题，经过经验梳理与逻辑辨析，提出了解决问题的具体方案：

可以先让学生找出三段中各自的中心句："君子博学而参省乎己，则知明而行无过矣"，"君子生非异也，善假于物也"，"积善成德，而神明自得，圣心备焉"。让学生从比喻的构成角度看，是本体还是喻体。学生弄清楚三者是本体，一串串比喻说明的道理就比较清晰了。本体三个，喻体十多个，论证时方法不一，因而论证方法的介绍又必不可少。第一段是正面设喻，青蓝、冰水、轮、金砺等喻体从正面阐明学习的重要性；第二段是反复设喻"跂而望"、登高而招"、"顺风而呼"、"假舆马"、"假车楫"反反复复用比喻，反复论证学习的重要作用；第三段正反对比设喻，如"积"与"不积"、"骐骥"与"驽马"、"锲而舍之"与"锲而不舍"、"蚓"与"蟹"等，通过正反对照的手法进行论证，道理就说得更加具体、明白。不讲述这些，只笼统说比喻论证，面对一大堆比喻，有的学生脑子里确实乱得无头绪，像"一锅粥"了。至于如何用比喻说理，形式也不一。有的先设喻，后说理；有的只设喻，不说理，喻中隐含道理；有的先设喻，引出道理，再设喻，进一步论述道理，等等，喻理结合多种形式，学生阅读思考，稍加点拨，也就一清二楚。

---

[1] ［美］文森特·赖安·拉吉罗著. 思考的艺术（第10版）［M］. 金盛华，李红霞，邹红，等，译. 北京：机械工业出版社，2015.

（五）哲学思维

很多教师在进行教学反思时，往往从微观角度出发，就课论课，就事论事，这当然是有道理的，因为教学反思就是对教育教学的具体活动，或某一环节而开展的一种回顾与思考。但是，如果思维仅仅停留在这一层次，则往往会"一叶障目，不见泰山"，甚至会因为思考方向不明确，如过于关注课堂表面的现象，受当前主流教学话语影响而追风逐潮，缺乏对学科与教学规律的准确把握，从而导致教学反思南辕北辙。

因此，教师在开展教学反思时还必须有哲学思维。所谓哲学思维，就是对事物本质与规律的深度透视与整体观照，它表现为对事物本体层面、价值层面、认识论层面的准确把握与定位。哲学思维表现在教学反思上，主要应该考虑的是对于自己所反思的教学环节、片段、场景，要有对涉及学科特点与性质、教育教学规律和学生认知特点等诸领域相关问题的上位思考与把握。如在《把握好应有的"度"》中，于漪老师最后这样写道：

语文课不是语文知识课，更不是某项知识或语言或文字或辞章等知识体系课，但必须重视语文知识的传授，因文章读懂的需要适时适度地讲解，讨论，能增长见识，增添积累，提高阅读能力。不分青红皂白，对知识一味淡化，恐非教学的上策；关键在把握好"度"。至于"学"什么？只想到文化知识，那是思维惯性，须另作讨论。

通过这段论述，我们可以看到，于漪老师对"语文知识教学"与"文章阅读教学"之间关系的反思，就是建立在对语文学科性质与特点的整体观照与深度透视的基础上而展开的，因为"工具性和人文性的统一，是中小学语文课程的主要特征"[1]，"工具性与人文性的统一，是语文课程的基本特点"[2]。更重要的是，这结论，并不是建立在她对官方文件的先验认同基础上得出的，而是真正源自她自己长期对语文学科性质与特点的哲学思考与学

---

[1] 中华人民共和国教育部. 义务教育语文课程标准 [M]. 北京：北京师范大学出版社，2011.

[2] 中华人民共和国教育部. 普通高中语文课程标准（实验）[M]. 北京：人民教育出版社，2003.

理探究，当前《课程标准》对语文课程性质的界定，就是以她的《弘扬人文，改革弊端》[1]为标志的一代语文人学术研讨的结果。

二、教学反思的写作方法

俗话说："文无定法。"教学反思是一种科学研究文体，而不是公文，因此并没有一个非此不可的固定写法。作为日常教学的反思工具，甚至不一定是一篇完整的文章。你可以记下学生随堂提出而自己却没有思考过的问题，可以摘录学生课堂上精彩的发言，可以记录课堂上的偶发事件，可以用笔留下课堂上自己灵光乍现的精彩瞬间，也可以记下自己脑海中涌现出来却没有来得及实施的奇思妙想，等等。即便是作为成文出现的反思，在写作上也是有很大的灵活度的。但是有些教师希望能够提供一个可以参照的大体样式，因此，我们提出两种写作的思路和框架，供教师们参考。

（一）纵向推进式

纵向推进式也可称作层进式。在写作过程中，通过对现象的复述，揭示现象背后的根源，或者所蕴含的规律，最后提出进一步改进或优化教学的方案；如果是以亮点与经验为教学反思的主要对象，也可以提出经验迁移或亮点放大的思路和想法。

前述于漪老师《把握好应有的"度"》案例，就是典型的"纵向推进式"写作方式。其基本框架大致如下：

1. 描述情境，聚焦问题

在文章开头，于漪老师回顾了与教学反思的对象和主题相关的教学环节与实录片段：

---

[1] 载《语文学习》1995 年第 6 期，收入《于漪文集》第 1 卷（山东教育出版社，2001 年版）。

　　《劝学》是《荀子》三十二篇中的首篇。“学不可以已”，学习不能够停止，开宗明义揭示主旨；紧接着展开议论，纵横开阖，气势浑厚，设喻取譬，气象万千。无论从观点还是文字表达而言，均可作为学生的学习典范。教材只节选了三段，但连缀在一起，仍气势不减，给人以整体之感。

　　教学中，先疏通文字，要求学生认认真真读文章，仔仔细细看注释，然后离开注释译成白话。

　　在学生了解文章大意的基础上，思考回答：1. 荀子主张“学不可以已”，强调学无止境，不可须臾停止；“学”当然指的是学习，他“劝”人们学习什么？2. 为了阐明自己的观点，文章通篇采用了什么方法？举一二例说明。

　　在初步理解文章内容与写作特色的基础上，朗读全文。要求朗朗上口，并熟读，背诵。

　　在以上三个教学环节中，均出现了一些意想不到的情况。

　　译例略举一二：

　　生1：“虽有槁暴，不复挺者，使之然也”，虽然晒干，不再直，是使这样的。

　　生2：“吾尝终日而思矣，不如须臾之所学也；吾尝跂而望矣，不如登高之博见也”，我曾经整天想，不如片刻的所学；我曾经提起脚跟望，不如登上高处的见得广。

　　生3：“假舆马者，非利足也，而致千里”，借助车和马，不是脚步快，而能到达千里。

　　讨论略举：

　　生1：“学不可以已”，劝人学什么？当然是学习文化，这还用说。

　　（生2，附和。）

　　生4：没有说学习文化啊！“君子博学而日参省乎己，则知明而行无过矣”，清楚地告诉我们学习什么。“博学”广泛地学习，不仅仅是文化知识，“日参省乎己”，每天检查省察自己，这样才高明，有智慧，行为才无过错。

　　生5：荀子劝“学”，学什么呢？天天检查自己吗？

　　生4：学习做人，懂得做人的道理。荀子认为人性是恶的，只有通过学习，才能由恶向善，改变人的本性，成为有学问有道德的人。

生5：那玄啊！

师：玄不玄，再阅读，看作者是怎样论述的。

生6：用了一连串的比喻。第一段中"知明而行无过"是学习的最终目标，要实现这个目标，就要不停地学习。为了说明学习的重要，一下子就打了几个比喻：青出于蓝，冰寒于水。木为轮，很具体，很生动。还有"金就砺则利"。

师：这是比喻论证的特点。这种论证方法叫喻证法，把抽象的道理说得具体生动，把深奥的道理说得浅显易懂。

生7：全是比喻，弄不清楚。

……

课堂教学共有三个环节，对三个环节加以扼要概述。因为三个环节中都出现了问题，而出于写作的限制，不可能把课堂情景全部复现，也没有必要复现，所以择要例举"译例"和"讨论"两个片段。这就为此后的反思铺垫了具体的场景，让反思的推进有实践的土壤和具体的对象。

2. 寻因溯源，分析问题

课上的不舒服，学生的学习出现了问题，教师教得很不顺利，通过会议复现课堂基本情景后，就要展开思考，探寻现象背后的根源，分析问题背后的原因，或者在辨析课堂诸环节之间内在关系的基础上，发现违背教学规律或学生学习心理的一些因素或细节，从中得到具有指导或启示意义的认识。教师如果是对非常得意的课例的反思，写作时的基本道理或思路也大致是这样。

在《把握好应有的"度"》一文中，于漪老师从学生"疙疙瘩瘩不通畅"的学习表现出发，联系平时教学就事论事的情况，认识到原因就在于"学生接触文言文少，一鳞半爪学一点，知识不成串，不可能认识和把握规律"，这是学生之所以对学过的文言知识仍然不能真正掌握的原因。由此她进一步思考"语文知识要不要教？哪些要教，哪些不用教？什么场合教？教到什么程度"诸问题，并将反思拓展到"比喻的运用"的教学，从而得出"教学时讲述必要的知识，不是外加，而是有效的阅读指导"的新认识，这就将对个别教学事件的反思提升到对这一类教学内容之间的关系如何处理的理解高度。

3. 优化方案，解决问题

通过深入分析、理性思索认识到问题背后的原因和教学的规律后，就要对如何改进教学，如何优化设计，提出自己的想法或思路。《把握好应有的"度"》一文的最后，就是呈现的这部分内容，详见本节一（四），兹不赘述。

如果优化设计和改进方案已经通过再次实践得到验证，还可以将再实践后的新问题、新经验进行一番分析和透视，从而将教学认识提高到一个新的高度，或者引发新的思考。

（二）横向展开式

横向展开式也可称为"并列式"，就是将反思的主题分解成具有逻辑关系的几个方面，分别展开分析和探讨。

例如数学特级教师潘小明老师《科学探究方法在探究活动中习得——能被3整除的数的特征教学案例与反思》[1]一文，在教学反思环节，从三个方面展开反思：

1. 问题是探究学习的核心。

……

2. 学生的探究是在已有知识经验基础上进行的。

……

3. 科学探究方法在探究活动中习得。

……

这则案例以提炼教学经验为反思取向，通过对具体课例的反思，探讨

---

[1] 潘小明. 科学研究方法在探究活动中习得：能被3整除的数的特征教学安全与反思 [J]. 小学青年教师，2004（4）.

"科学探究方法"与"探究活动"的设计与开展之间的关系，将感性经验上升到理性认识的高度。结合课堂实录的具体环节，分别反思探讨了"探究学习的核心""探究学习的基础"和"探究方法的系的过程"，三个方面各自独立而又具有内在紧密的逻辑联系。

第四节　案例与导读

【案例呈现】

预约"不可预约的精彩"

——《长亭送别》教学反思

兰保民

用两节课时间分别在两个班级教学王实甫的《长亭送别》，高二（7）班虽然先上，是第一次授课，教学思路是全新的，但是上下来比后上的那个班感觉要好一些，学生对文本内涵、唱词意蕴的理解更深入，更细致，对人物微妙丰富的情感有很细腻的体会，而另一个班感觉有些概念化，往往忽略了选文所写的"送别"的特定场景，而从整出戏的莺莺形象谈起，初始理解大致局限于追求爱情自由、爱情忠贞、内心愁苦等，甚至有一个同学将"你休忧'文齐福不齐'，我只怕你'停妻再娶妻'"唱词理解为表现出崔莺莺"很传统"，虽经我努力引导，将她所说的"传统"落实到对爱情的"忠贞"的理解上，但恐怕她还是没有深入到唱词深处，体会到唱词中蕴含的崔莺莺对爱情前景的深深忧虑之情。

这当然可以归因于两个班学生学习基础的差异：七班是提高班，阅读积累比较丰厚，理解能力和接受能力也强一些，自然就容易沉入到文本中去，读出体会来；而另一个班是平行班，各方面相对比较弱，因此，按照同样的设计去实施教学，效果上自然就大打折扣。看来课堂教学确实来不得半点马虎，关注学情绝不只是停留在教学理论上的空话，而是一句实实在在的实践性话语。如果忽视了学情，课堂马上就会给你个样子看看。

就（7）班的教学而言，这篇课文的处理和教学过程，细细想来，主要有三点可取之处。

首先，引导学生达成对崔莺莺愁苦悲伤之情深层意蕴的体会，进而理解作品主题时，突破口抓得比较好，从文本自身的矛盾点入手，激发学生的思考，学生认为本剧的戏剧冲突是莺莺和张生之间的冲突，我马上引导他们阅读"脱布衫"和"小梁州"，在这两个曲牌中，学生发现，崔莺莺眼中的张生，在离别之际同样愁绪满怀，悲不自胜，可见其对崔莺莺的一片深情。于是我适时抛出一个问题：既然如此，崔莺莺的忧虑不是自寻烦恼吗？基于此，学生充分发表意见，从而认识到，莺莺之所以在长亭送别之际悲不自胜，表现为她自身的内在冲突，究其实则是她的爱情观与传统婚姻观与伦理观的冲突，因此学生不仅理解了主题，而且还能够以此进一步体会崔莺莺对爱情的忠贞态度，以及对张生的一片深情。这是意外收获，是我始料未及的。

其次，学生对曲词的品读细腻，体会深入，且有独到之处。如小张同学（女）通过对"叨叨令"的赏读，体会崔莺莺无心打扮，意绪索然，是源自"女为悦己者容"的心理，以此体会她临别时的痛苦悲伤，无疑是读出味道来了。小潘同学对"端正好"的体会，不仅抓住了景物描写的情感意蕴和"染""醉"两处用词，而且还谈到这只曲牌唱词化用了范仲淹《苏幕遮》，并且是不仅化用其形，而且是化用其神，赏析深入，得其真味，侃侃而谈，读得深，赏得透，令我好不快活！其中"化用其意"一层的理解，确实是超乎我的期望的。有这样的学生可教，真是幸福也！

再次，我觉得自己对拓展资料的运用和处理立足文本，体现出"以外养内"的观念。如对元稹《莺莺传》的介绍，我不是像其他老师那样，把崔莺莺从《西厢记》文本中抽离出来，和元稹《莺莺传》中的莺莺形象作对比，从文学史的角度来看莺莺这一人物形象的文学流变。我认为这样的比较对于丰富和深化对《长亭送别》中莺莺形象的理解，意义不大。我是这样处理的：通过对唱词的品读，学生已经比较充分地感受到莺莺对爱情前景的深深忧虑之情后，我拓展到元稹《莺莺传》中张生"始乱终弃"并被时人称为"善改过"的结尾，从而引导学生认识到，崔莺莺对自由爱情的追求，是对正统伦理观念的叛逆，因此，一旦遭到遗弃，张生不仅不会受到谴责，反而会受到世俗之人的赞美。学生由此进一步理解到，莺莺对爱情的追求，不仅是违抗了母命，而且几乎是以一己之力对抗整个传统伦理观念，是以一生的幸福、名誉和尊严为代价的一场豪赌。这就不仅使学生深刻体会到崔莺莺内心忧虑的沉重分量，认识到这份忧虑的深层历史文化内涵，从而加深了对文本内容的理解和体会，而且认识了《西厢记》的思想价值。

为了让学生更好地体会"端正好"，本来我想引用京剧张（君秋）派名剧《西厢记》的唱词"晓来谁染霜林醉，总是离人泪千行"，以此比较文中唱词，从而加深学生对"染"和"醉"的理解，但是学生已经体会很深刻，很入味了，所以这一环节就没有引入这一资源。还有，本来设想，如果有学生特别喜欢"滚绣球"的话，为了令其真正沉潜到唱词中去，我还预设了课文文本"恨不倩疏林挂住斜晖"与"金圣叹批评本"中的"倩疏林你与我挂住了斜晖"进行比较的教学环节，通过辨析哪个版本更为精妙，来深化学生对戏曲语言的理解品味，感受古典文学语言那种独特、醇厚而又美妙的味道。鉴于学生通过对"端正好"和"叨叨令"的品读，已经体会到《西厢记》曲词清丽雅驯的韵味，因此，在教学设计中虽然对此处教学进行了充分地预设，仍然还是忍痛割爱了。事实上，此处割爱还是很值得的，因为就教学价值而言，此处教学点并没有多少超出于"端正好"和"叨叨令"的内容，且学生在课上也并没有列举之，所以从略处理，也算是遵循"举一反三"之道吧。

课堂上出现了一些师生对话的精彩片段，让我体会到了课堂生成的"不可预约的精彩"。但细细想来，这些"精彩"的瞬间，实际上又是在"预约"之中的，只不过是否能够如期而至，尚有待于课堂情境的催化而已。比如在提问环节，学生提出的两个主要问题，一个问题聚焦于唱词的情感深度，一个问题聚焦于戏剧冲突的有与无。学生之所以提出这两个问题，说明他们就此处送别对于崔莺莺而言所具有的特殊含义缺乏深刻理解。因此，只要把这出戏的戏剧冲突的实质在教学中揭示出来并使学生充分理解，问题就可迎刃而解。而在戏剧教学中，戏剧冲突是教学的重点，也是我在设计教学环节时重点思考的问题。学生的问题，一个是根本，一个是枝叶，抓住根本，就可以带出枝叶，在教学过程中，我首先聚焦在戏剧冲突上，使学生充分认识到，崔莺莺"以情为本"的爱情观，与崔老夫人的传统婚姻观之间的矛盾，将崔莺莺置于"送别事件"的风口浪尖，再加上男尊女卑的社会地位的性别差异，使崔莺莺在婚姻格局中处于极为不利的地位。因此，她内心深深的忧虑和入骨的悲伤，也就很容易理解了。这样的教学处理，因为比较成功地梳理了不同教学内容的内在关系，在教学过程中收到了事半功倍的效果，合乎学生文本理解和语言学习的心理逻辑，因此课堂进展就比较顺，避免了主题理解和语言学习"两张皮"的毛病。如果教学中将"主题理解"和"语言学习"分别处理，势必会使前者流于空泛，而使后者流于琐碎。

再比如对"端正好"一曲的品赏，我认为也是一个比较精彩的环节。学生不仅品赏到了曲词醇厚优美的味道，而且对人物的情感心理也形成了细致入微的理解，在认识上步步深入，渐至堂奥。这时学生已经认识到莺莺的悲伤源于内心的激烈冲突，这是语言品读深度的基本保证。在这个基础上，我首先让学生读这一支曲子，形成对曲词的整体把握，学生体会到了其中"悲伤凄凉"的感情基调；我便让他"结合唱词讲得具体一些"，这是让他沉浸到语言当中去，既是学习习惯的培养，也是学习方法的指引；在学生的理解渐趋高位后，我又提出较高的要求，让学生通过"咬文嚼字"去体会唱词精微奥妙的韵味。其中"紧"是我作为例子提出来的，"染"和"醉"是学生自己直觉感受到的。这时候我的主要任务就是在语言品读过程中帮助学生深化他们的审美经验，从而将其"审美直觉"转化为他们的"审美自觉"。这里的关键点归根结底实际上都是审美中的"移情"作用。教学中当然没有必要讲这些，我认为即便"寓情于景""情景交融"这样的概念都没有说，只要学生将语言中蕴涵的人物情感和心理状态体会出来，也就是说，帮助他们的"审美直觉"实现深化的过程，帮助他们从这一文本的学习中积累丰富的"审美经验"，从而提升语言品读的能力，并为最终"审美自觉"的形成奠定坚实的基础，只要能够达到这样的教学目的就够了。为此，我在这一环节的教学过程中，根据学生的学习表现，主要采用了三种方法，一是通过词语置换调动学生的语言经验，如将"紧"置换为"残""吹""凉""寒""烈"等；二是通过内引外联调动学生的知识积累，如《天净沙·秋思》《蝶恋花》等；三是结合文本内容调动学生的生活经验，如对"霜林醉"的理解和品味。实践证明，这些环节的教学都是成功，而之所以能够取得成功，原因就在于我遵循了学生文本阅读和语言学习的心理逻辑。

通过这堂课我深刻地体会到，课堂中"不可预约的精彩"实际上也是可以预约的，关键在于我们设计教学过程、实施每一个教学环节时，是不是真正符合文本和教学内容的内在逻辑，是不是遵循了学生学习的心理逻辑。而在每一堂课中，所谓的"文本潜在逻辑""教学内容逻辑"和"学习心理逻辑"都是具体的，具有特殊性的教学现实，而不是抽象的教条，教师不仅需要在备课时做充分预设，而且还要在教学过程中准确把握，及时捕捉学情的瞬间变化，并对原来的预设进行及时调整。在第二个班上之所以远没有高二（7）班效果好，原因实际上主要不在于学生的学习基础，而在于自己被高二（7）班的精彩的表现冲昏了头脑，误以为课堂的成功是可以机械复制的，精彩是可以随意预约的。这个教训很深刻，它提醒我，不管什么时候，只有尊重课堂规律，才能预约"不可预约的精彩"。

【案例导读】

这一则教学反思案例，是笔者在日常教学中有感于两个教学班教学的是同一内容，教学设计相同，而教学效果却呈现出巨大差异，于是在教学完成之后所写成的。在诸类教学反思中，属于"横向反思""案例反思"和"发展性反思"的类型。

一堂课上完后，值得反思的地方有很多。这诸多值得反思之处，有时可能没有什么交集，但在很多情况下，看上去零散的反思点，反映出来的背后的深层问题（或成功经验），却往往有一个聚焦点。如果由于时间关系，来不及充分思考提炼，那么也可以作为一般的"教后"随时记下，以备作后续思考的资源，以及再次上这一课时可以吸取的教训；如果形成文章，那就需要用心思考一番，把这些片段化的教学现象背后隐藏的共同问题揭示出来，展开教学论、课程论意义上的分析和审视。这样的教学反思，就会有思想的深度，也往往能够帮助教师更好地领会、把握教育教学的规律，形成专业的自觉。

在《长亭送别》教学时，提高班的教学效果是令笔者满意的，案例中将其概括为三个方面：一是"突破口抓得比较好，从文本自身的矛盾点入手，激发学生的思考"；二是"学生对曲词的品读细腻，体会深入，且有独到之处"；三是"立足文本灵活运用和处理拓展资料"。而这些比较好的教学效果是怎样形成的呢？看上去三者之间并无多大关系，但笔者通过反思发现，课堂上看似随机生成的这些精彩的教学场景，归根结底是教师无意之中遵循了学生文本阅读和学习的心理逻辑。这具体表现在，学习的起点源于学生的预习中遇到的疑问；学习的过程依据学生问题的内在联系；而学生对文本语言的品读之所以能够"得其真味，侃侃而谈，读得深，赏得透，令我好不快活"，则是因为为学生指出了由易到难、由浅入深的学习路径，而且在这个过程中为学生的学习提供了必要的学习支架。这样，三个教学环节的反思，便聚焦到一个核心之上，那便是"对学情的关注"。通过反思，笔者对"文本潜在逻辑""教学内容逻辑"和"学习心理逻辑"的关系，及其在具体教学情境中的把握和处理，在认识上得到了深化。这样的反思，便让所谓"关注学情"的理论性话语，内化为教师深刻体认的实践性话语。

第八章

如切如磋　如琢如磨
——教师的科学研究之"听课评课"

《论语》记载了这样一则故事：子贡大概发了财，又因为受过教育，没有一般暴发户的那股骄横劲儿，便觉得自己修养还不错，于是问孔子："发了财却并不骄横，没有钱却也不卑躬屈膝，这样的人，修养应该不错了吧?"孔子说："还行吧，不过还不如那些虽然贫穷内心却保持安乐、虽然有钱却依礼行事的人。"听了老师的这番话，子贡一下子便领悟到，自己与老师的境界还是很有差距的！于是对老师，其实更是对自己说："如切如磋，如琢如磨，其斯之谓与?"意思是，一个人也好，做一件事也好，就像打磨一件玉器一样，要不断地切磋琢磨，才能不断提高，日臻完善；万不能小有成就便沾沾自喜，停滞不前啊！

其实课堂教学也是这样。一堂课上完，倾听同伴、专家的意见；或者听别人上完课后，积极地参与课堂研讨，发表见解，甚至就这堂课写一写评课文章，就是一个"切磋琢磨"的过程。通过不断地切磋琢磨，教师对课堂的理解，对学科的认识，还有自身的教学水平，就会不断提高。

听课评课是最常见的教学研究形式，由于其直接面对课堂，面对教学的第一现场，有"短平快"的特点，因此备受教师的欢迎。新课程实施以来，对"听课评课"的研究也取得了不少成果，这些研究，主要体现出如下特点：一是注重课堂教学的理论渗透和理性观照，试图从课程理念上对课堂教学实践定位和定向；二是在研究课堂教学实践的评课实践时，试图创立一套完整的理论体系和逻辑框架，从而使评课这一带有很大随机性、生成性和对话性的教学研讨行为，不要流于随意性乃至于盲目性。有很多研究，从评课的目的、方式、立足点、侧重点、课程意识、评课方向等都做了较为明确的阐述，试图为评课创立规则，这一出发点是好的。三是，当前研究的主体人员，主要是大学、教育学院、教科所等专门从事教育学研究，尤其是课程教学论研究的专业人员，他们视野开阔，能够从国际教育发展趋向和区域教育教学的整体走向来观察课堂，分析教学问题，对课堂教学的微观行为做出宏观评价，能够从平常容易为人忽视的小环节中演绎出具有规律性的结论。也就是说，对课堂教学的评论，以及对评课这种教学研讨方式的阐述，往往具有理论的穿透力，这些都是值得我们学习的。

第一节　听课评课的视角

课堂教学主要由三方面因素构成：教师、学生和学习对象。学习对象这一要素，主要是指特定的教学内容；教师是教学方案的制定者和教学过程的组织者，学生则是教学过程教与学中"学"的主体，在教师有为而"教"的帮助下进行主动学习，从而不断发展和提高。

一、听课者的角色定位

在"家常课"教学过程中，是没有听课者这一角色的，所以，听课者在课堂教学中的角色定位，说来是件很微妙的事。不过，我们必须思考的是："听课者"真的是课堂教学的"多余人"吗？执教教师和学生真的可以把"听课者"做透明化处理，从而视若无物吗？

凡是有过公开课教学经历的教师都不会认同这种看法。事实是，当有"听课者"参与课堂教学实践的时候，虽然他就只是那么安安静静、一言不发地坐在那里，但是"上课人"——执教教师——的教学实时心态与常态化教学情境下的心态是截然不同的，并因此可能会导致教学环节、教学过程、教学问题的微观处理方式等，发生与常态教学状态下的不同变化。而从学生这一方面来看，因为有了"听课者"这一角色的存在，他们的课堂学习状态、学习热情等情意因素，也往往与常态化的课堂教学情境下的表现程度不同，或者是为了给教师捧场，或者出于年轻人一股特别的意气，或者是其他的因素，学生往往会表现得特别积极——注意力特别集中，思维特别活跃，发言特别踊跃，从而课堂气氛特别融洽，这也就是人们常说的"公开课效应"。但公开课偶尔也会有特别沉闷的时候，也多半是由于"听课者"的存在，尤其是在高中年段公开课教学的情况下。由于这一年龄段学生的心理特点，在看法不成熟、认识不清晰、把握性不大的情况下，往往不愿意轻易发表意见，那么，当陌生的"听课者""闯入"课堂的时候，往往会无形中放大了他们的这种心理特点，尤其是当教师的问题设计不够清晰，引导不够到位的时候，"冷场"的现象就会时有发生。而类似的情况，如果是在"家常课"中，或许还能够平稳渡过。

因此，"听课者"绝不是课堂教学中的"多余人"，除了课堂教学先期准备和课堂教学后续评议等，还有直接参与或隐性影响之外，从课堂教学现场来说，他也绝对是一个不容回避、不容忽视的存在者和参与者。他是一个沉默的言说者，他是一个此在的他者，他以他的存在发挥他的影响，"因为他在那儿"。

二、听课者对课堂的影响

从教学实践发生的现场听课情况来看，"听课者"的角色不外乎有三类：一类是"学习者"，师徒带教中的"徒弟"往往就属于这类听课者；一类是"观摩者"，包括教研活动中参与听评课的教学同伴、同事或同行；还有一类就是"指导者"，包括业务进修培训中的指导专家和各类教学大赛中的专家评委。这三类"听课者"，在听课时的心态、视角、对课堂教学潜在的参与方式往往存在着微妙的差别。

（一）作为学习者的"听课者"

一般来说，作为学习者的"听课者"，更多关注的是执教者的教学经验，无论是对执教者还是对学生，其影响相对来说还比较轻微。对于执教者而言，他的目的就是在充分备课的前提下，以自己的课堂教学行为向听课者呈现常态教学的基本规范和教学经验。对于学生来说，他们甚至会把听课教师看成是与自己身份相同的学习者，只不过不会像他们一样参与课堂讨论罢了，他们并不是很清楚听课教师与他们的关注点其实是不一样的。

（二）作为"观摩者"的听课者

作为"观摩者"的听课者对课堂教学的影响，相对来说就要大得多。因为这类听课活动，往往是在各种类型的教学研讨活动中实际发生的，参与课堂的听课者一般人数比较多，这对学生的学习状态会产生一定影响。而就执教教师而言，因为考虑到之后评议中的评价问题，上课时的心理状态会呈现出一定程度上的不稳定性。对于有些教师而言，备课时除了考虑教材、学生的因素外，还会考虑到听课教师的反映。有些公开课暴露出的"摆花头""耍噱头"的毛病，往往就是对公开课特定情境考虑得太多，而忽视或者淡化了学生因素和教材因素在课堂教学中的关键地位，从而远离了课堂教学的本质。

（三）作为"指导者"的听课者

以"指导者"身份参与课堂听课，往往多以审视的目光关注课堂，根据自己对课堂的理解做出相应判断。这类听课者，从某种意义上来说，往往掌握着行政层面或专业层面的话语权，在教学现场，对执教教师会带来一定程度上的威压。

三、听评课的合宜视角

当然，"学习者""观摩者"和"指导者"这三类"听课者"，对于课堂教学的参与方式和实际的角色感，也或多或少会有交叉。以"学习者"身份进入课堂的听课者，其学习行为和学习内容，与教学过程中的学生肯定是不同的。他的身份首先是教师，是对课堂教学有一定前置理解的教学从业者。因此除了学习执教教师课堂教学设计与实施经验之外，他的听课肯定也有观摩的成分，尽管他那些批判性的观摩心得不见得会跟执教教师进行交流。当然，如果能够与执教教师进行开诚布公的交流，其学习心得会更深刻，收获会更丰富。这是因为，一般说来，"学习者"之所以需要学习，就是因为其教学阅历、经验等与执教教师相比还有或大或小的差距，因而其听课过程中的批判性心得必然会有得有失。如果能够充分交流，互相碰撞，可能观点会更加成熟，看法会更加中肯，对学科本质与课堂教学的认识会更加深刻。作为"观摩者"的听课者；从道理上来讲，听课的过程既是学习的过程，又是发现问题，启发深思，并提出来与执教教师深入探讨，从而相互研讨共同提高的过程，这实际上也是对执教教师的一种指导。而作为"指导者"的听课者，固然会敏锐地发现课堂教学中的一些问题，并对执教教师提供智力上的支援，但是其"长善救失"的过程，也无形中深化了自己对教学问题的固有认识，并捕捉课堂教学中的鲜活养料，使自己对教育教学的思考更趋深入，思想更加纯熟，这实际上也是一个学习的过程。

以上不避烦冗地阐述课堂教学现场听评课的角色分类，目的是想引发对这样一个问题的思考：当我们参与课堂教学听评课时，究竟该确立怎样的角色和姿态，才能够尽量减少对课堂教学的影响，并充分发挥听评课活动的研讨价值呢？这个问题看似微不足道，但实际上却极具现实价值，对课堂教学研讨活动的质量具有潜在影响，不可小视，而一般情况下人们却往往并不大关注它。其实只有这个问题处理得好，课堂教学研讨才能够多面开花，从而使执教教师热情更高，听课教师倍受启发，通过研讨，取长补短，去伪存真，发现问题，发扬优点，教者与听者就会实现彼此启发、相互促进、共同提高的双丰收。

其实，在课堂观察中，听课者必须同时具有学生、教师、专家这三重眼光。从这三个不同的视角来观察课堂，解读课堂，才有可能对课堂教学做出比较合理的把握，在教学研讨中提出有益于帮助学生学习、有益于改进教学设计和实施的合理化建议。

近年来，有些学校尝试在教研活动中邀请学生参与评课，作为重视学生在课堂教学中主体地位的重要举措。他们在课堂教学之后的评课环节中，首先请几位学生代表就这堂课中自己的收获，或对教师的建议等，提出各自的看法，然后再开展以教师群体为主要对象的研讨活动。笔者曾经参加过闸北区某所高中组织的一次有关作文教学指导课的研讨活动，对学生评课这一做法印象很深刻。在学生评课环节中，学生对课堂的理解，对学科教学的理解，对教师的具体建议，非常具有启发性。学生站在学习者的立场上，阐述自己对这堂课的期待，反思自己在课堂学习中的收获，并对教师的每一个教学环节，包括教态、教学语言、教学内容的选择、课堂结构的安排等问题，发表了各自的观点和看法。这些意见，对于强化教师备课施教时的学生意识，帮助教师调整教学方案，提高课堂教学有效性，无疑具有积极意义。

请学生参与评课这一举措，自然是有感于教学研讨活动中往往更多地关注教师的教，而忽视学生的学这一客观现实而做出的纠偏行为。它实际上提醒教师，在课堂教学中，学生的认知现状、接受基础和发展需要，是确定教学目标、选择教学内容、调配教学方法的重要依据。如果听课教师在这一方面具有十分清醒的强烈意识，他就会自觉地从学生的视角来观察课堂，并在以后的评课议课中有针对性地提出合理化建议。

一般而言，每一堂教学研讨课，执教教师总是殚精竭虑、反复斟酌地精心设计。因此，无论课堂效果怎样，总会有值得关注、引人深思，给人以教益和启迪的地方。因此，在日常听课评课时，首先要理解执教教师教学设计的意图，深入解读课堂。只有这样，听课时才能够捕捉到每堂课的亮点，理解某一环节教学设计中执教教师匠心独运之处，从而使自己在学习中得到提高。当然，不管何人上的课，总不可能是尽善尽美的。即便是对于课堂教学中值得商榷之处，也应着眼于教师教学设计初衷，分析利弊，权衡得失，从而深化认识，得到启发，并有针对性地提出合理化的建议。

日常课堂研讨中并不是所有教师都能做到这一点。有的教师在听课时往往会用一种挑剔的目光，专门捕捉课堂教学中的缺点，而对课堂中闪现的亮点则视而不见；评课时也是"破"字当头，"批"字居先，仿佛不"破"不足以显示出自己的水平，不"批"不足以表达自己参与研讨的诚意。还有些老师，虽然能够用一分为二的眼光观察课堂，却往往只是着眼于课堂的表象，而不愿意或不善于思考教师教学设计的初衷，于是在评课时自然就会妄加褒贬，谈优点挖不到深处，谈缺点寻不到根源，自然不能让执教教师心悦诚服，于是，教学研讨的效果也就因此而大打折扣。

总之，教学研讨中的听课评课，应该从学生、教师和专家这三维视角对课堂教学予以观照。从学生的视角审视教学，能够帮助我们思考，这堂课需要教什么和需要怎么教才有效，这决定了我们设计或解读一堂课的起点和基础；从教师的视角审视教学，能够帮助我们思考，这堂课教什么才是重点难点和怎么教才能够落实重点、突破难点，这是每一位教师设计或解读一堂课的基本要求；从专家的视角审视教学，能够帮助我们思考，这堂课应该教什么才更加合乎目的性，应该怎么教才更加合乎规律性，这决定了我们设计或解读一堂课的高度和水平。

第二节　听课评课的情意

在听评课过程中，应该秉持怎样的情意和态度呢？关于这一问题，笔者将其概括为"冷眼"与"热心"。"冷眼"，是对课堂教学冷静观察的理性态度；"热心"，则是对优化课堂教学，提升教学质量，促进教师发展的满腔热情。在课堂观察和研讨中，拥有一双"冷眼"才能够发现课堂教学中符合或者违背教育教学科学性与规律性的地方，这样就不会因为一些非教学和教研因素而因人因课随高就低，虚与委蛇，说一些无关痛痒的话，谈一套放之四海而皆准的大道理，而是能够着眼于课堂教学的"这一个"，从大处钩玄提要，从细部寻幽探微，求其"真"，存其"善"，从而使教学研讨的效能得到充分保证。

一、课堂观察方式

在听课时，有经验的教师往往喜欢坐在学生座席区的侧后方，而不是坐在学生座席区，或是像有些听课专家那样面对学生坐在教室的侧前方。

座席的位置，看似是一个微不足道的细节，其实却折射出听课教师的课堂教学观，也反映着听课教师在课堂观察过程中的自我定位。一般说来，坐在学生座席区的听课者，除了课堂听课记录的方便外（因为学生座席区往往配备课桌），主要是将自身角色置换为学生，设身处地从学生的视角来观察课堂，从而做出对课堂教学的分析和评价。在教室的侧前方与学生面对面而坐，这种课堂观察的位置，固然有利于更好地观察学生在课堂学习过程中的状态、行为和表现，但是对于课堂教学中教师的关注度，却从一定程度上降低了。虽然很多人可能会从"以学定教"的角度对这种听课方式予以解释，并说出许多道理来，但是，无论怎么说，在课堂教学过程中，对于"教"与"学"的双方来说，这种听课方式是畸重的。

其实，课堂教学最终固然是落实在学生知识、能力和情意的发展上，这是毫无疑问的。但是要想达到这一目的，却需要教师、学生和学习内容之间的相互作用才能完成。如果认识到这一问题的重要性，于是就把目光紧紧盯在这最后的落足点上，或者恨不得自己也变成学生，如同医生试药一样，检验一下教师施教之功是否真的有效，则无疑是对课堂教学诸多要素构成的课堂系统整体性的漠视。从道理上讲，从结果出发去寻求结果，从对象出发去寻找对象，这种做法，是有悖于逻辑的。因此，在实践上也必然是违背常识。这两种课堂观察方式所折射出来的课堂教学观，其实都暴露出对课堂教学理解上的片面性和功利性。

从这个意义上来看，坐在教室学生座席区的后方或侧后方，这样的座席选择，实际上体现出听课教师对课堂教学的理解：课堂是一个由教师、学生和教学内容共同组成的独立、自足的完整系统，在这样一个系统中，他们之间互相作用，交互影响，从而达成课堂教学的目标。这样的座席选择，一方面保持了听课教师与常规状态下自在自足的课堂教学的距离，从而最大限度减少对课堂教学的影响和干扰；另一方面也使自己获取了对课堂教学诸要素及其整个教学过程中相融相契程度进行宏观把握和综合观察的最佳视角，在这一视角下观察课堂，才能够对课堂教学做出综合分析和理性判断，而不至于执其一端而不及其余。

二、课堂观察的"冷眼"

上面的课例点评，可以充分体现出于漪老师课堂观察的"冷眼"所具有的宏观把握和微观探究相结合、综合判断和理性分析相统一的基本特征。不管是对教材的分析，对学生学习状态的评价，还是对教学过程的评析，这种观察方式所形成的结果，都不是孤立地、扁平化的分析。我们不妨从如下三个方面对这一特征加以探究。

（一）冷静观察课堂教学主体之间的关系

评价一堂课，单纯讲好或者不好往往很容易，但不是建立在具体分析的基础上而得出的结论，往往很难令人信服。怎样分析？以什么作为依据进行分析？这是值得思考的问题。目前有些教育技术研究专家，开发出一系列课堂观察量表，将课堂教学的每个环节加以技术量化，在分析观察量表所得数据的基础上对课堂教学做出评判，这固然是一种分析的方法。但是这种分析方法，却忽视了一个事实——一堂课，往往是教师、学生和教学内容相互作用而构成的一个个性关注的整体。很多观察量表的设计，要么把课堂教学当作一个恒定不变的对象加以考量，不管什么课，都采用统一的模式进行数据采集，无视每堂课的个性之所在；要么把课堂教学中教师、学生和教学内容之间的关系割裂开来，进行孤立地观照，统计出教师提出问题的类型各占多少比重，学生的学习方式各属于怎样的类型，然后根据所谓先进的教学理念，建议教师对这些问题加以调整，对学生学习方式的指导加以优化。这种课堂分析的方式，看似是客观的，但却是一种"伪客观"；看似是冷静的，但却是"僵冷式"的。原因就在于它的泛科学化和机械主义。

因此，在听课评课时应着眼于课堂教学中教师、学生和教学内容之间的关系，在准确把握三者之间关系的基础上评教论学。

首先是学生和教学内容之间的关系。学生学习的意义就在于通过教学内容的学习得到智力和德行上的提升，教师的施教之功就在于帮助学生化解教学内容的难度，达成教学目标。因此，评价一堂课，不是单纯就学生或教学内容孤立地去谈，关键在于是否具有这种冷峻透彻的目光，发现学生学习的困难在哪里，学习价值的支点在哪里。具有这种冷静的观照，才能够建立起评教论学的前提和基础，否则，无论对教师"教"的评说，还是对学生"学"的评说，抑或是对教学内容挖掘、教学过程处理的评说，都只能是皮相之言。

再看教师和学生之间的关系。在课堂教学中，教师教什么，怎么教，在很大程度上取决于学生的发展需要。教师是否满足了学生的这种需要，应该是评价"教"的一个很重要的指标。离开对学生"学"的需要来评价教学行为，显然是缺乏意义的。

（二）冷静观察教学内容的个性特点与教学处理方式之间的关系

教学内容不同，相应地，对内容的教学化处理方式和教学过程也应各异。比如语文课中的文言文教学，文言知识教学与文章文学教学之间的关系应该怎样把握？具体到某篇特定的课文，应该确定哪些文言实词虚词作为教学的重点？如果从文本的个性特点出发来思考这一问题，可能就更好一些，例如《黄州快哉亭记》教学中，"胜"字一抓，整堂课就纲举目张，而"胜"这个重要文言实词的教学，因为是建立在文本内容学习理解的基础上，也就自然而然得到了有效落实。再比如文言词在某一文本中出现的频率，也是确定文言知识应该教什么和怎么教的重要维度。

课堂观察中的"冷眼"，从这个意义上来说，其实就是一种穿透力，它能够穿透教学形式的坚壳，发现课堂教学中最具有价值的东西。应该说，课堂观察中的"冷眼"，折射出来的是一种理性的精神和实事求是的态度。拥有这样一双"冷眼"，得出的就不只是一种印象式的结论，而且还能够透过现象看到本质，透过结果寻找原因。

（三）冷静观察教师的教、学生的学和教学内容处理之间的关系

教学很难，难就难在教师要教得清楚，学生要学得顺畅，教学内容处理要准确恰当，这三条线还不能够互相分离，各行其是，而是要紧密地融合在一起，牢牢地拧成一股绳，形成合力。听课评课之所以是一件专业性很强的工作，原因就在于听课教师不仅要看教学设计的思路是否清晰，还要看学生的学习状态是否轻松自如，教学内容的教学价值是否充分发挥，教学内容的处理是否有利于学生的学习。

从道理上来说，教师教学程序的设定是为了引导学生更好地理解教学内容，提高学习效率。因此，一切引导，都应该建立在对教学内容准确把握的基础上，从教学内容本身梳理出一条适合学生学习的教学主线。而这条线不是教师凭空设计的，而是内在于教学内容本身的，教师的作用就是帮助学生把握住它，这样学生的学习效率就会更高一些。

课堂观察的"冷眼"，放射出来的光芒应该是直达学科本质的。其基本特征是宏观把握和微观探究相结合、综合判断和理性分析相统一，其呈现方式是对现象的穿透力、对结果的判断力、对原因的分析力、对本质的洞察力和对课堂教学诸要素的综合力。

三、课堂观察的"热心"

课堂观察的"冷眼"背后，应该有一颗火热的心。发现亮点也好，捕捉瑕疵或失误也罢，都不是冷冰冰地置身事外的说长论短，而是满怀对学科教学的热爱之情，满怀对教育教学之道的探索精神，既充满热情地对执教教师加以鼓励，激发其热情，增强其自信，坚定其教学求索之意志，同时又能够

真诚地去补其不足，救其缺失。不仅指出问题之所在，还要找出导致问题的原因，甚至要提出进一步改进提高的办法。这样的听评课，才是捧着一颗热心参与教学研讨应有的姿态，也才能够让教学研讨现场洋溢着融融的暖意。

在教学研讨现场中，我们经常会听到有些专家完全不顾所听所评的课堂教学实际而另外建构一套方案，这种评课方式，对于执教教师，对于教学研讨本身而言，并无多大益处。这种评课方式，不能否认具有建设性，但这种建设性却不是着眼于对执教教师教学实践的帮助，不是着眼于对既定课例的反思性提升，而只是着眼于课堂教学的另一种可能性而已。从某种意义上来说，这另一种可能性的教学方案，并不见得比执教教师高明多少，至少后者的方案是经过课堂教学实践验证过了的，其优劣得失已经得到充分呈现，而前者却只是建构了一座空中楼阁而已。这种所谓的建设意见，是在即将竣工的工程现场旁边炫耀停留在图纸上的美好蓝图，而不是满怀热情地为新工程的落成添砖加瓦。

听课评课的"热心"，应该包含如下几个方面：

（一）坦　诚

教学研讨的目的是通过听课评课，取长补短，长善救失。教学研讨现场不是交际场，也不是竞技场，因此完全没有必要虚与应酬，说一些无关紧要，甚至文过饰非、不切实际的话，贵在开诚布公，求真务实。于漪老师曾说过："评课的目的重在分析研究，鼓励进步。站在理论与实践结合的高度对课的总体、局部乃至细部进行评说，探讨教与学的规律。课好在哪里，为什么好，不足在何处，原因何在。真诚，中肯，具体，实在。评者满怀希望，执教者心里热乎乎，前进更有动力，更有方向。不在分数上纠缠，不在名次上捣鼓。在研究解读文本、教学生学会学习上下功夫，不仅能有效地提高教学质量，且是教师在教学实践中进修、提高的重要途径。"[1] 以坦率真诚的态度听课评课，既充分肯定教师施教之功，指出亮点，激发信心，同时又以实事求是

---

[1]　于漪.〈阅读教学田野研究〉序 [M].上海：上海教育出版社，2008.

的态度切中肯綮地指出不足之处，不掩盖缺点，不放过问题，因为态度是诚恳的，情怀是热诚的，所以就能令人心悦诚服，如坐春风。

（二）体　贴

名师在听课时总往往能够设身处地地考虑教师施教之难，学生学习之难，并探寻思考解决困难的方法。课堂教学的某个地方是个亮点，那么，为什么会形成这个亮点呢？某个地方还有不足之处，这说明教师在教学内容的确定或教学过程设计上碰到了什么问题呢？用经验和智慧解读课堂，贴着教师的施教初衷和学生的学习感受去体验现场，在这个基础上跳上一步，探寻优化课堂、提升质量的方法，得出自己对课堂教学的见解和看法。

（三）帮　助

在教学研讨评课现场，执教教师最希望听到的是什么？不是赞扬和鼓励，当然也不会是批评乃至指责，而是评课人对课堂教学如何改进和提高的真知灼见。一般来说，公开课教学与家常课教学相比，执教教师下的功夫要更大一些，花费的精力要更多一些。大到整堂课的整体结构和教学思路，小到某一个问题的提问方式，某一处词句的理解品读，执教教师往往都是殚精竭虑，煞费苦心。尽管如此，一堂课下来，仍然还是会存在这样那样的问题，不管你怎样努力，课堂教学的实施总不可能是完美无缺的，教学永远是一门缺憾的艺术。在这种情况之下，如果评课教师只是发现问题，指出不足，至于为什么会出现这样的问题和不足，却不予以深入分析；对如何才能解决这些问题，弥补这些不足，却不能够提供相应的策略和办法；只是批评，却毫无建设；只是横挑竖捡，却不肯伸出援手，那么执教教师就会感到很无奈，很茫然。他会想：为了备好这一堂课，我已经使出浑身解数了，却仍然不能让你满意，我该怎么办呢？这样的评课，必然会给人留下"看人挑担不吃力""站着说话不腰疼"的话柄。这样的评课，表现出的是一种十分冷漠的态度，本来执教教师对课堂教学的一腔热情，经过这样一番评述，很可能就会顿时消退，意兴索然。

因此，评课时不仅要充满热情地充分肯定执教教师教学设计和课堂实施中匠心独运之处，即便课堂教学中的一些问题，也须充分考虑教师可能遇到的难处，并在深入剖析的基础上尽力给出解决问题的具体办法。

听课评课的一片"热心"，并不是虚与委蛇地盲目叫好，不是毫无原则地一味赞扬，更不是横挑鼻子竖挑眼，缺点毛病挑了一堆，建设性的话一句也不说。而是要把自己投入到课堂教学和研讨现场中去，设身处地为教师着想，为学生着想，解决他们的实际问题，满足他们的发展需要。坦诚让人信赖，体贴让人温暖，而切实的帮助则让人听有所得，教有方向。这样的评课，怎能不让人感到如同春风拂面、暖意融融呢？

总之，"冷眼"与"热心"主要体现的是听课评课者的角色定位、情意因素和主体素养。听课评课既要有理性精神、客观态度、分析水平和综合能力，又要有换位意识、温热情怀和坦诚胸襟。没有一双"冷眼"，教学研讨就会丧失效度；没有"热心"，教学研讨就会丧失温度。"冷眼"观课，"热心"评课，听课评课才能够既清净如水，富有学术水平，又热情似火，充满人文情意。这样的评课，才能够"评得执教教师心里热乎乎，眼睛发亮，心中升腾起提高课堂教学质量、追求理想教学境界的强烈愿望；评得参与观课与评论的教师有茅塞顿开、豁然开朗、举一反三的快乐。这样的评课，教师觉得有劲、有味、有提高、有奔头，在心中留下或高兴或得意或震动或遗憾的痕迹，在教学实践中不知不觉获得了发展，一步步走向成熟。"[1]

第三节 听课评课的方法

早在两千多年以前，先哲孟子就有这样的言论，他说："观水有术，必观

---

[1] 于漪. 点评是手段 目的是提高 [M] // 于漪. 于漪新世纪教育论丛·超越. 南宁：广西教育出版社，2008.

其澜。日月有明，容光必照焉。流水之为物也，不盈科不行；君子之志于道也，不成章不达。"[1] 他的这番话，说的虽是君子立德修身之道，但是，对于我们体悟听课评课之道，同样具有十分深刻的启示意义。

一、穿越课堂表象，把握教师的教学观念

在教学中，由于教学内容不同、教师个性有别、学生整体基础和群体性情的差异等原因，课堂往往就会呈现出不同的景观。有的课结构严谨，有的课激情洋溢；有的课以教师讲授为主，有的课学生活动充分；有的课按部就班，有的课大开大合。很多情况下，人们往往更倾向于欣赏那些由激情教师带领着一群活泼的学生演绎的一堂气氛活跃、开合自如的课。那么是不是只有这样的课才是好课呢？是不是凡是这样的课都是好课呢？这就不能不促使我们思考课堂观察的方法问题。

其实，课堂教学就像流水一样，形态不同，其风格意蕴也就各异。小溪有小溪的灵动，大海有大海的浩渺，瀑布有瀑布的雄奇，平川有平川的从容。同样是西湖，水光潋滟令人感到美不胜收，细雨空蒙同样让人感到风光无限。孟子曰："观水有术，必观其澜。"水之美，形之于澜，波澜之美，气象万千，当然不能用一种标准把它框死，否则，我们眼中的水就只能是一种形态吗，那岂不单调？同理，如果我们只是用单一形态来要求课堂，那么，我们的课堂也就只能是百花凋敝，一片枯零了。所以，听课评课一方面要把握这堂课呈现出来的独特的课堂景观，另一方面，也是更重要的，就是要审视这独特的课堂景观背后所隐含的教育教学的本质和规律，也就是说，要在关注"已然"的基础上，深入思考"当然""应然"和"所以然"。

---

[1]　朱熹. 孟子集注 [M]. 上海：上海古籍出版社，1987.

二、穿越课堂表象，把握教学的学科思想

俗话说："外行看热闹，内行看门道。"听课评课，并不是简单的停留在课堂表面的观察和评价。在一些优秀课例中，我们会发现，课堂表面的热闹往往源于教师对学科教学本质的冷静思考，而课堂表面的冷清却往往隐含着教师对学生思维质量的密切关注；课堂教学看似极为随意的处理，恰恰反映了教师匠心独运的智慧，而那细针密线、环环相扣的设计，并不是为了框住学生，套住学生，而恰恰是为了帮助学生挣脱固有思维束缚，剥离不良学习习惯，从而使学生的学科素养和学习能力得到提升。因此，在听课评课时，要透过教学的着力点，去思考教与学要在这个地方着力的原因及其合理性；要透过教学指导的具体手段和方式，去思考采用这样的手段和方式的原因及其合理性。听课评课的真智慧，在于凭澜观水，溯流探源，从课堂的表象中看到学科教学的真义，从课堂的细节中体会教学的大节。

有些课仅仅关注知识和能力，而忽视了情感、态度、价值观的培育，忽视了学习方法和过程的引导，这就将立体的教学建构散点化，将全面育人的教学行为跛足化了。因此，评课时应从课堂教学的表象中，看到教师对教育教学功能与价值的深刻理解。即使执教教师不见得是将自己的教学行为建立在对学科教育教学的深刻理解基础上，但是评课者如果具备这样的眼光和能力，则无疑会将执教者的教学思考向更深处推进了一步，让他的这种教学设计由不自觉升华为一种自觉，从而使今后的教学设计和教学行为更切合教育教学的本质和规律，从而向教育教学自由王国更迈进了一步。

三、穿越课堂表象，把握教学的知识结构

听课评课，不应特别关注教学气氛是否活跃、教学过程是否顺畅等课堂

表象，而应关注教师的课堂调控是否切合教学内容的特点，是否合乎学生学习的规律。听课评课，不能仅仅停留在一堂课某一环节的成功之处，而要挖掘出这一教学环节取得成功，教师所凭借的知识结构。

在教学现场，时不时会看到一些以各种各样教学技术见长的课。有的教师很善于搞活动，小组学习、角色扮演，学生在他的调动之下非常活跃，堪称群情激奋；有的教师很善于运用多媒体技术，声音动画，形式多样，令人目不暇接。但不管运用怎样的教学技术，首先必须考虑的是该技术与教学内容之间的关系。如果片面强调多媒体的教学作用，片面追求教学方式方法的花哨和课堂气氛的热闹，而忽视了对课程性质和具体内容的教学价值的思考，无疑是本末倒置。这种花哨和热闹，掏空了学科教学内容的本质属性，对于学生知识、能力和素养的提升而言，是毫无意义的。而这种不考虑教学内容的本质特征，不考虑内容与形式之间的协调性，而片面追求形式和技术的课，暴露出的往往就是教师本体性知识的缺陷。

怎样建构一个合乎学生学习心理逻辑的教学过程，与教师对学科教学程序性知识的熟悉程度密切相关。如果教师对学科教学的程序性知识掌握得非常到位，课堂教学就能够遵循学生学习规律，教学目标的达成自然顺理成章，水到渠成。因此，在评课时，仅仅着眼于课堂教学环节，着眼于某时某处教与学的闪光点，进行孤立的分析，往往没有多大意义。应该将整个教学过程联系在一起综合考虑，判断某一个教学环节的教学价值，判断整堂课的教学程序与目标达成之间的内在关系。

四、穿越课堂表象，把握教师的教学能力

课堂教学中，即便一个教学环节的处理，同样能够反映出教师综合把握学科本质、教材特点和学生学习发展需要等诸要素的水平和能力。评课时，哪怕捕捉到的只是一个教学节点，也应从教师对于教学内容挖掘的深度，从教师对课堂教学诸要素的把握调控能力出发进行综合判断。

总之,听课评课时,只有揭示出课堂表象背后的依据和本源,才能使评教双方在学科教学上认识更清楚,理解更深刻,意识更自觉,方向更明确。通过这样的评课,如果发现自己学科素养不足,那就赶紧充电;教育教学理念有误,那就赶紧加强理论学习;对学生了解不够充分,那就多与学生沟通,多学习心理学知识;教学过程有问题,那就多向同伴学习,多加强教学反思。通过这样的评课,教师信心得到鼓舞、行动更有方向。如果仅仅停留在表象的层面,——罗列出某堂课优点是什么,缺点是什么,恐怕不会有什么意义。关键不是就课论课,而是通过课堂教学研讨,求教学之真,求育人之善,求课堂之美。

第四节　案例与导读

【案例呈现】

于漪老师评课实录[1]

两位老师的课都还是很实的,思路也很清晰。学生总体来讲是很不错的,对课文的有些理解还是不错的。但是这篇文章我觉得是教学中的一块硬骨头。在座的每一位肯定都教过。可能讲过一遍、二遍、三遍、四遍,但是要让学生真能体会到文章感人心魂的力量,我觉得是很不容易的。

第一,就是时间的跨度。归有光所处的时代跟我们今天反差很大,要学生一下子理解确实是很不容易的。文章本身确实是好文章,是名文,也是经典文本,刚才有同志讲到生命的体验,但我们今天的生命价值取向跟归有光那个时代的生命价值取向差距很大,你叫我们十六七岁的孩子去理解归有光当时的情感,客观地说是十分困难的。

---

[1] 本案例课题是《项脊轩志》,分别由两位教师执教,实录由著者根据录像整理。参见:兰保民.语文课堂教学评课智慧:于漪评课案例剖析[M].上海:上海教育出版社,2012.

第二，空间的差距也很大。《项脊轩志》讲的是那么一个又破、又小、又老、又旧的小房子，而学生现在读书的地方是高楼大厦，因此要他们体会到那里的乐趣也是很难的。今天学生学习的地方这么明亮，归有光的项脊轩却那么昏暗，那么破旧，差别确实很大。

总之，无论从时间还是从空间上来讲，《项脊轩志》的语境和当今学生所能感受到的语境差距都很大。因此刚才陈老师讲，通过事先了解，知道学生不喜欢这篇文章，这是正常的。如果有个别学生喜欢这篇文章，那恐怕是他对文学有特别的感悟，他是比较敏感的学生。而大多数学生不喜欢，则是非常正常的。他觉得这种文章很平淡，而今天社会生活节奏那么快，用词都那么夸张，风气那么浮躁，他怎么能够体会明代的归有光那份深挚的情怀呢？

因此我们的教学恐怕要打破思想上的常规。我们对这篇文章的理解，有一种潜在的固有的看法，比如说这篇文章是名文，是最好的一篇文章。这种想法，和今天的孩子阅读感觉区别很大。而我们在教课的时候是按照原有的我们的思维，还是以学生为出发点备课，在备教材的同时也考虑到要备学生，就成了我们今天备课教课的一个指导。所以关键就是要破这个先入为主的认识框架和思想上的套子。

在今天的课堂教学中，我觉得陈老师的做法是可以尝试的。扣住细节描写，让学生通过对照，认识一下写作时应该抓取怎样的细节。细节有很多种，轰轰烈烈的场面中可以有细节，平平淡淡的文章中也可以有细节。这篇文章中的细节就是家常便饭，家常便饭是人人都有的，最不起眼的，而在家常便饭中能够饱含着这样的情意，这真的是文章写作的高手。学生写的文章呢？则往往很难捕捉身边的细节，因此可以让他写类似题材的作文来与这篇名文进行比较，这样他对文章妙处的理解体会就更贴近了。要多抓一个细节，让学生对照一下。其实陈老师对前面的细节讲得很细，很实在，也很清楚。不过，要想真的把这种认识转化为学生的能力，就不能把学生所写的作文与这篇《项脊轩志》进行泛泛的比较，而是要在特定的范围内来加以比较，这样可能效果就会更加好一些。

大家都说这是一篇名文，读了后感动得不得了，那么到底是什么东西感动了你呢？这感动又从何而来呀？这里就有个文本世界和学生情感世界、认知世界的差距问题，造成这个差距的原因就是我们当代的学生在情感上的缺失。现在要把学生教到感动，是非常困难的，他确实什么都不感动，甚至连"感动中国"的事件都感动不了他。这和过去相比差距很大，情感缺失很严重，特别是亲情。现在确实是一个功利的社会，金钱至上，个体第一，这些不良风气和价值观念把我们人类的美好情感抹黑了。因此像这类文章，可以突破原来的框架。我就是要打动他，不一定要用全文去打动他，可以用文章最感动人心的那些笔墨去打动他，比如文中关于三个女子的细节。其实文中用来表现三个女子的细节是不一样的，其中有细微的差别，比如说写母亲的细节跟写大母的细节就不相同。在引导学生体会"娘以指叩门扉曰：'儿寒乎？欲食乎？'余从板外相为应答"这处细节时，胡老师问学生，你想想看，这时候母亲是怎么想的？那个女学生就想不出来，因为她是孩子，她不是妈妈，她没办法想，她没这个体验；于是胡老师只好自己说，自己怎么想的。因为你是老师，你做了妈妈了，所以就体会到了。这就是一种交流，做了母亲以后她才能够真正体会到做母亲的心情。所以师生展开交流时一定要站在学生能够接受和理解的基础上，否则做不到。

另外，在教学中，可以启发学生。比如说母亲她为什么会这样想呢？可以让孩子联想自己的童年生活，让他回想一下童年时妈妈对自己的关心。很多孩子都会有这样的生活体验，在他哭了的时候，他的妈妈就会问他是不是饿了，是不是冷了。作为老师，你可以让孩子回想他自己童年的这类事情，从而体会到母亲对孩子的那种无微不至的关爱。

那么，文章的这个地方为什么要用老妪的转述呢？因为他不可能和母亲再面谈了。对于这个问题的理解，今天两位老师分析都非常好，此处无声胜有声啊！那么，为什么老妪讲的是姐姐而不是讲他归有光呢？这就是选材的艺术技巧呀。过去的观念都是男尊女卑的，母亲对姐姐都是这样的，那就更说明母亲对他的关爱了；再来看对大母的分析。这个大母和他的母亲还是不一样，隔代的和从自己身上掉下来的是两回事情。

要让学生去体验夫妻恩爱的情感当然会更困难。我主张要让学生反反复复地读，站起来读，几个人一起读。不一定上课的时候把所有问题都讲清楚，但是你要举一反三。我们教师应该思考这样一个问题，教《项脊轩志》这样的文章，是不是能够打破一些固有的、习惯性的思维模式和上课模式。我觉得抓一些细节，有关这三个女子的细节，随便哪一个都可以，抓到了以后，把它串起来，让孩子反反复复地读。这种夫妻情深是让人唏嘘不已的，在我孩子的时候我就知道，人是不能栽种枇杷树的，据说种下一棵枇杷树，当这个枇杷树长到和人的脖颈差不多粗细的时候，就是人死的时候，可能枇杷比较难长吧，所以过去的人一般不轻易种植枇杷树。当然这个问题不必跟学生讲，这里的重点还是物是人非的情感体验。

说一些不足，有些句子不必过分解读。比如大母对孩子的期望。这个情字，抓得非常好，你要把这连续不断的动作表达出来让学生理解，因为现在父母都对儿女寄予无限的期望，所以学生晓得，对于这个问题，学生都有切身体会，但过分解读了也不行；还有不恰当的比较，如当时他们读书是为什么的，现在读书是为什么的，你说不清楚，也没有必要，这是节外生枝。

另外，这种生离死别，这种悲伤的情感，尽在不言中。我们往往会觉得这篇文章就是被一份悲情所笼罩。其实它应该有悲有喜，悲也多，喜也多。他确实有喜，他小时候一直在这里读书，这里是伴他成长的地方，就是在这个地方，他享受到那么多的温暖。因为他曾经体验到那样的喜悦，所以更能衬托出后来的悲了，把"喜"丢掉了，"悲"就剩下一根柱子，就不行了。所以他应该是悲喜交加，以喜来突出这种人间的丧失母亲、祖母和爱妻的悲痛。这是很难用语言形容的悲凉。所以这个"喜"字是不能丢掉的。

另外，两个人有个共同的缺点，就是抢时间。学生还没坐下来，你的一句话已经开始了。其实话不在于多，你一堂课不可能把所有的东西教给学生。下课铃声响了之后再拖堂是没有必要的，时间到了就刹住车。即使没有讲完也无所谓，因为拖堂时的话学生也听不进去，为了追求课堂的完整性再去拖堂就没什么意思了。

这样的文章，我们老师以后还要教。一定要以个人的创新的方法，缩短文本世界跟学生世界的距离，缩短教师阅读和学生阅读之间的距离。实际上，引导学生学习这样的文章，我们教师是在向孩子撒播亲情，借归有光的名文向孩子撒播亲情。一个没有浓郁亲情的人，要让他爱别人，要让他爱家乡，爱民族，爱国家，那是空的。亲情源自血缘关系，是所有情感中最最基本的情感，所以再难还是要攻克的。

【案例导读】

于漪老师听课评课时学生意识非常强烈，充分体现了她一以贯之的"教文育人"[1]"知心才能教心""与学生的心弦对准音调"的教育教学观[2]。仅从对《项脊轩志》这篇文章两个教学案例的评析中，就可以梳理出她对学生学习问题的基本思考方式：

一是关注学生情感和认知世界与文本世界之间的差距。从时间跨度而言，当今学生的生命价值取向与归有光时代的生命价值取向有很大差距；就空间而言，学生所处的环境与归有光相比更不可同日而语。正是基于对学生情感现状和认知基础的这种把握，于漪老师建议执教教师确定本文情感教育的核心价值：借归有光的名文向孩子们撒播亲情。

二是关注学生对文本的认识与教师对文本的认识之间的差距。与教师相比，学生对文本的先期认识几近空白，他们不会像教师一样站在众多权威文本解读成果和定评定论的基础上走进文本，这就决定了他们的阅读绝不会是一种"印证式阅读"，而只能是一种"发现式阅读"。因此，于老师建议执教教师将教学重点放在对细节描写的品读上，用文章最感动人心的那些笔墨去打动孩子们的心灵。

三是关注学生认知水平与教师教学预设之间的差距。由于对学生的认知基础和情感储备把握不够准确，教师的教学预设，包括教学方法的采用，与学生的学习基础之间就不能完全合拍，因此教与学就不能和谐一致，从而导致教学脱节的现象。比如，在引导学生体会母爱情深时，胡老师采用激发学生想象的方法，让学生体会归有光的母亲叩门而问时的心情。因为学生没有

[1] 于漪. 于漪与教育教学求索 [M]. 北京：北京师范大学出版社，2006.
[2] 于漪. 于漪新世纪教育论丛·凝望 [M]. 南宁：广西教育出版社，2008.

做母亲的体验，所以无从想象，这个教学环节自然也就无疾而终。当然，让学生去体验夫妻恩爱的深情就更加困难了。基于此，于漪老师提出了两个建设性的意见：一是调动学生的生活经验，改激发想象为调动联想；二是把细节描写的语句串起来，让学生反反复复地读，通过各种形式的读来促进理解，激发体会。

福建师大教授佘文森提出，有效学习的"铁律"有三条：一是先学后教，以学定教。当学生已经能够自己阅读教材和自己思考的时候，就要先让他们自己去阅读和思考，然后根据学生阅读和思考中提出的和存在的问题进行教学。二是先教后学，以教导学。当学生不具备独立阅读教材和思考问题的时候，教师要把教学的着眼点放在教学生学会阅读和学会思考上面；三是温故知新，化难为易。也就是说，一切教学都必须从学生实际出发，根据学生的原有知识状况进行教学。至于在课堂教学中到底是先学后教还是先教后学，那要看学习内容的难易和学生的认知水平和知识的储备。[1] 他所强调的其实就是从学生视角审视教学、思考教学、确定教学内容和教学方式从而保证课堂教学有效性的重要性。于漪老师则将她从学生的视角出发对课堂教学的深刻理解，水乳交融地贯穿在对案例剖析和评点的过程中，虽不是纲目分明的理论，却自有一种铸"铁"为器的功力和润泽人心的效果。

从专家视角出发，作为资深语文教育专家，于漪老师在上述评课案例中所体现的教育教学观念和语文学科思想，决定了她对课堂解读的深度和对教学理解的高度，如前所述对学情的基本诊断，就充分体现了她作为语文教育专家的丰富经验、深厚造诣和深刻思想，此需鸿篇长论方能阐明，不予赘述。从可学而又能学的微观层面上，则主要表现为如下四个方面：

一是在文本解读的精准度上给执教教师以有力支撑。

如对《项脊轩志》中"悲""喜"之情关系的把握上，很多教师往往更多着眼于其凄怆恻怛的一面，而忽视了其中欣喜愉悦的一面。而于漪老师则在准确把握这两者之间关系的基础上，十分明确地指出，其中的喜悦之情与温

---

[1] 佘文森. 论有效教学的三条"铁律"[J]. 新华文摘，2009 (5).

暖感受不可偏废，有了那份喜悦，就更能衬托出后来的悲凉。母丧妻死的悲痛，那份痛彻心扉的悲凉，有了那种欣悦的体验，就会得到更加突出的表达，否则，就很难用语言来形容。就学生的理解而言，单独挺立起"悲"这一条柱子，他就无法充分体会。这种分析，兼顾文章之"意"与为文之"艺"，无疑将教师对文本的理解和把握向前推进了一大步。正如谭轶斌所说，于漪老师总是能够在教师文本解读止步之处领跑。这充分表现出作为语文专家的深厚学养与睿智眼光。再比如，同样是细节描写，对"先妣"的刻画与对"大母"的刻画一样吗？两处文字是怎样表达母子骨肉至亲和祖孙隔代之亲之间的微妙区别的？经过她的这层追问和分析，执教教师和参与研讨的听课教师，都有一种醍醐灌顶般的感觉。这才是贴着文字的体会，触摸到"文心"的阅读。她让我们认识到，语文教师对文本的理解，不仅要从大处着眼，宏观把握，形成整体理解；还要在细处推敲，微观探究，做到深度领会。如果说前者的要求是"致广大"，那么后者的标准就是要"尽精微"。

二是在教学把握的适切性上给执教教师以合理建议。

教学把握是一个比较宽泛的说法，它包括教学目标、教学重点、教学策略等与课堂教学密切相关的诸多问题在课堂实施过程中的分寸感和适切度。在教学过程中，由于教学经验不足，或者对学生学习发展区认识不清楚，或者对文本解读的不够到位，教师经常会出现该讲透的地方讲不透，不该讲或没必要讲的内容却喋喋不休，死缠烂打，揪住不放。这时候，专家以其丰富的经验和对课堂的综合判断，所提出的合理建议，往往会使执教教师在把握课堂、实施教学的适切性上得到提高。比如对"大母寄望"一处的教学把握，于漪老师从解读的适切性和教学的适切性两个方面给出了具体建议，确实是极具慧眼的。

三是在教学方法的有效性上给执教教师以必要指点。

在日常教学研讨中，经常会有教师对执教教师的教法教艺提出种种质疑，这不行那不行，这里指导不到位，那里感悟不深刻。但究竟怎样做才是行的，究竟怎样指导才能到位，怎样引导学生去感悟才能深刻，却一句话也不说。如此评课，其结果就是执教教师信心受挫，热情消减，最终是不知所措。而作为专家，于漪老师的评课不仅着眼于判断，而且还着力于提高；不仅做出评价，更能积极引领。前面"学生视角"的有关分析其实对这个问题已经有所涉及。再比如，当陈老师采用比较法来落实细节描写这一教学点时，于漪老师予以积极评价的同时，又进一步指出，比较点再明确一些，范围上再限定得更具体一些，这样效果可能会好一点。这样的指点，给执教教师提出了进一步改进的具体建议，体现了与人为善的态度，让人愿听、乐听，听了之后信心得到鼓舞，行动更有方向。

四是在教学思想的开创性上给执教教师以适当引导。

由于思维惯性的影响，教师往往自觉不自觉地钻进各种各样的套子中，不敢或不能根据教学目标、教学内容、文本特点或学生认知基础，创造性地实施教学。在课堂教学中，生怕漏掉了这个，忽略了那个，唯恐因为自己讲得不多、不透、不充分而使学生听不明白，学不彻底。因此，在课堂上，教师和学生如同背负着沉重的包袱走路一样，气喘吁吁，苦不堪言。于漪老师对教师的重重顾虑和思想包袱了然于心，感同身受。上述评课案例中，在充分分析学情、教情和文本特点并给出具体建议的基础上，她不失时机地呼吁道："我们的教学恐怕要打破思想上的常规"，"要破这个先入为主的认识框架和思想上的套子"。建议教师放开手脚，大胆探索教学新路子，尝试新方法，是她在几乎所有评课中始终坚持的基调。作为教学专家，这种鼓励创新、倡导思想解放的呼吁，通过对具体课例的评析予以传达，就不是空洞的理论和生硬的教条，而变成了实践土壤中萌发的花花草草上新鲜的露水和活泼的阳光。这无疑使教师对新课程思想的理解更加具体可感，更便于理解了。在教学思想上发挥专家的引领作用，对于新课程的实施和课堂教学的改进，无疑具有深远意义。

第九章

内修外铄　固本培元
——教师的科学研究之"素养修炼"

今天的教师，不只是仅仅完成教学任务就算合格，还应胜任教学研究的任务，应是研究型和开拓型的教师。可以这样说，面对变化的现实和变化更为急剧的未来，不研究就无法从事教学，不开拓就无法继续生存。说得艺术些，就是面对汹涌的时代大潮，要想不被潮水淹没，就要勇于去当弄潮儿。

因此，教师必须从内部与外部两个方面不断加强教育教学科研能力与素养的修炼，从根本上提升自我的专业精神和业务能力，内修外铄，固本培元，练就真本领，从而让自己不仅能够出色地完成教学任务，而且还能够完全胜任教学研究的任务，具备"教"与"研"的双翼。这样的教师，在专业发展的道路上就像安装上"双擎"的汽车，高效而低耗，从一定意义上也就获得了教育教学的自由。

第一节 锐意求真 增强科研意识

一、当前教育发展趋势要求教师应增强科研意识

目前，很多教师抱怨没有时间开展教学研究，这确实是一个实际问题。教育面临的环境很复杂，日常教学要承受着巨大的升学压力，繁重的教学任务挤压掉教师不少可以用来学习充电的时间；经济社会的大背景在教师面前形成了许多诱惑，让人很难静下心来做研究；文化的多元化、媒体的娱乐化也不可避免地对教师的学习研究带来一些冲击。其实换一个角度来思考，问题可能会更清楚一些。正因为情况如此复杂，教师才更需要增强科研意识，开展科学研究。

比如，如何处理繁重的教学任务、巨大的升学压力与学习求知之间的关

系呢？有的教师总是埋头于繁重琐碎的教学事务中，被中考和高考或其他考试牵着鼻子走，从早到晚疲于应付，教育教学工作捉襟见肘，当然就很难抽出余暇读书学习。可是从科学研究的角度静下心来想一想，日常那么多繁重琐碎的教学事务，哪些是对学生的成长发展真正有教育意义的、必不可少的呢？中考也好，高考也罢，还有其他各种考试，从教育价值的角度考量，到底应该放在怎样的位置上才是正确的呢？这么一想，就不难发现，要解决好这些问题，还真是非得研究不可，只有通过扎实的科学研究，才能寻找到解决这些矛盾、协调这些矛盾的良策。如果不开展科学研究，教师就不仅不能改变没有时间做教科研的可怜处境，而且从某种意义上扮演了增加学生学习负担，挤压学生生命成长空间的不光彩角色。反之，如果能够通过教科研把握教学规律，改进日常教学工作，使之贴近教育教学本质，符合教育教学规律，那么学生就有可能摆脱繁重的课业负担，获得生命成长的合理空间，在舒适的教育教学氛围里自由呼吸，教师自身也能够得到发展，价值得到体现，不复低头拉车的狼狈模样。

再比如，在多元文化的教育背景下，其实只要能够从科学研究的角度来认识它，就会发现这不仅不是阻挡教师开展科学研究的拦路虎，反而可以成为开展科学研究的重要资源和契机。当今社会，教育呈现的动态开放的程度超过了以往任何时候。教育理念不再囿于一端，古今中外各家各派的教育思想，以多元的风姿展示，任人撷取。教育对象不再是单纯接受知识的容器，课堂也不再局限于学校，电视、网络、社会都是学生的知识源泉。学科知识推陈出新的周期越来越短，学科之间相互渗透，各自的界限日益模糊，边缘学科、交叉学科越来越多。抱着一部本专业的经典，关起门来唔读的岁月，已经成为陈年的故事。总之，我们面临的是一个风驰电掣、飞速发展的时代。教育理念要重新调整，教材要重新构建，教学方法要重新策划，教育对象要重新研究……纷至沓来的新问题有待人们去正视，去研究，去解决。

因此，我们在当前复杂多元的文化语境中从事教育教学和科学研究，确实面临着许多困难；但是不管是谁，都不能妄想拔着头发离开地球，不能要求对身边世界熟视无睹。一味抱怨现实是无济于事的，关键是能不能从科学研究的角度，用一双慧眼敏锐地发现其中蕴含的研究课题。一本书，一支粉笔，站在讲台上按老程序宣讲，早就行不通了；每一位事业心强的教师，面对这样的现实，只能有唯一的选择：因时而变，与时俱进，认真思索新问题，通过艰苦的探索，从教学实际和理论研究两方面的结合上解决主要难题，让教育教学跃上新台阶。

二、未来教育发展趋势要求教师应增强科研意识

进入 21 世纪，各种挑战迎面而来。市场经济的发育与日趋成熟，促使传统的价值观分崩离析，新的价值观开始成为社会的主流。知识经济的崛起和网络技术的日新月异使所有领域内的传统链条纷纷断裂，需要在新思维、新科技的背景下，重新链接，构成新的格局。中华民族伟大复兴的"中国梦"与"一带一路"国家发展战略，要求我们不仅仅在经济上不断发展壮大，并在更深层面与世界接轨并发挥积极影响，而且还要求教育必然要呼应国家战略的整体要求，并积极进行一系列适应性的变革。以上是全社会所面临的，而首当其冲要改变的是教育，最需要迎头赶上的也是教育。

教育要主动适应这种正在变化而且还要继续不断变化的现实，这一要求不仅仅是中国所必须面临的问题。联合国教科文组织就率先有针对性地提出了未来教育的四个培养目标：学会学习、学会做事、学会合作、学会生存。虽然仅仅是 16 个字，并且是极普通的字眼，但其内涵的严峻感、紧迫感与忧患感，不能不冲撞着人心。因此，我国颁布的《面向 21 世纪教育振兴的行动计划》指出，要把提高民族素质和创新能力作为教育振兴的行动目标，这也是一个振聋发聩的响亮号召。

以上就是我们身处的现实以及面对的并不遥远的未来。在这样的情势下，教师不能不思索并且应该研究大量新问题，大到关于课程整体建设、学生学习，小到对一篇课文教学方法的重新探讨，都是值得研究的、也不得不研究的问题，都是必须解决的问题。

教师，特别是优秀的教师，在教学实践中获得和积累的丰富经验，如果不加以研究整理，使之系统化、普泛化、理论化，并公之于世，传之后人，而是让它们自生自灭，那么，这笔珍贵的知识财富，就完全是属于个人的私产，随之而来，随之而去。这岂不是极大的损失？应该认识到，一位优秀的教师勤勤恳恳地耕耘一生，无论怎么说，他的贡献都还是极有限的。只有将他的知识、智慧、教学经验、教育理念提炼，概括，上升到理论，对于社会才是最大的贡献，才具有久远的意义。

综上所述，每一位当代教师，都应具有自觉的科研意识，都应有时刻做一名教育专家的准备和行动。

第二节　读书学习　提高理论修养

一、教师科研能力的构成要素

虽然，科学研究的成果最终主要是以书面文字的形式呈现，但这并不意味着，只要会写文章，就一定能够从事科学研究或者完成科研论文的写作。

科研能力是一项特殊的能力，有着自身独立的性格，有着专门的要求。一般来说，教师科研能力的构成要素含有以下几个内容：

（一）选题能力

选题能力是最基本的眼力问题，选什么样的课题来做研究的中心和对象，虽然是整个研究工作最初始的一步，却是至关重要乃至具有决定意义的一步。它需要研究者作出准确的判断和敢于投入的胆识。

判断的准确与否取决于两个方面：一是选定的课题价值究竟有多大。把握这一点，除了需要丰厚的专业知识，还要充分了解国内外有关的各种信息；二是自身的条件是否足够，这包括专业水平、拥有的资料及其他研究资源。如果这两者是可靠的，那么，选定的研究课题就不会出现不良的后果，例如辛辛苦苦研究得出的成果，社会却对其反应冷淡，以致前功尽弃，或者是课题的难度大大超过了主观的条件，研究被迫半途而废等等。

所谓"胆识"，就是建立在科学和理性基础上的决心和决定。没有这样的基础，贸然而行，那是"盲动"。"盲动"是违背科学精神与科学规律的，"盲动"会导致科学研究的无效，甚至严重的社会后果。科学研究决不允许"盲动"，在这方面，我们曾有过不少沉痛的历史教训。

（二）理论思维能力

人类的思维形式有多种，按照钱学森的观点："人的个体思维过程中的三种，只有一种中的一部分即抽象（逻辑）思维中的逻辑思维研究得比较清楚，这一种的另一部分，即辩证思维还未掌握其全部规律。个体思维的其他两种，即形象（直感）思维和灵感（顿悟）思维的规律还未掌握。至于对教育工作有重要作用的人与人的思维相互作用，即'社会思维'，也没有掌握其规律。"[1] 至今已有定论，成为共识的则有两种：一为抽象思维（逻辑思维）；一为形象思维。

对于科学研究来说，这两种思维形式都有用处。

形象思维虽不是主要形式，但也不能缺少。列宁说过："甚至在数学上也是需要幻想的，甚至没有它就不可能发明微积分。"[2] 马克思的《资本论》属于理论经典，而其中插入的文学故事和文学引语就有三千多处，足见形象思维与科学研究并非绝缘。

至于抽象思维，则是科学研究的主要和基本的思维形式。这种思维形式又叫逻辑思维和理论思维，它具有一整套极其严密的又是为全体人类所公认

---

[1]　钱学森. 关于思维科学 [M]. 上海：上海人民出版社，1987.

[2]　列宁. 列宁全集：第33卷 [M]. 北京：人民出版社，1957.

的逻辑规则。依靠这套规则，人们可以将实践中的事实材料及表面现象上升到一般原理，阐述其本质意义。科学研究正是主要凭借这一思维形式，从纷纭复杂的现象中洞察事物的本质，从而做出正确的结论，提出经得起实践检验的创造性观点。就事论事的方式，不是科学研究的方式，只有从理论层面上由此及彼、由表及里地思考问题，才符合科学研究的要求。

（三）创新能力

创新能力，就是敢于并善于突破原有的观念与框架，另辟蹊径，走自己的路。科学研究的期待之一，就是能有这样的"创新"。

有能力创新的人，必须具有感觉敏锐的禀赋，必须具有破除种种迷信的胆识。

弗洛姆在《论不从及其他》（中译本又名"人的呼唤"）中精彩地指出："人类因不从的行为得以不断地进化，不仅精神得到了尽可能的发展，而且智力也得到了发展。人的精神之所以得到发展，仅仅是因为人敢于对以人类良心和真理的名义出现的权威说'不'；人的智力发展依赖于不从的能力，即对试图禁止新思想的权威人士的不从和对长期形成的已变为废话的权威观点的不从。"[1] 他甚至断言："人类历史肇始于一种不从的行为，而且可能会终结于一种顺从的行为。"从事科学研究就是要有弗洛姆所说的这种"不从"的精神。只有"不从"，才能"创新"。

科学研究需要的能力除上述三项之外，还有实践操作、评估分析等，但最基本的是上述三项。

二、教师锻造科研能力须重点加强理论修养

科学研究是一项理论工作。它虽然要以大量实践活动作为基础，在研究

---

[1] 弗洛姆. 人的呼唤：弗洛姆人道主义文集 [M]. 上海：生活·读书·新知三联书店，1991.

过程中也还要进行大量的实践活动，但就研究工作的主体而言，许多基本环节，都是在理论层面上展开和进行的。因此，教师的科研能力的锻造，首先是要加强理论修养。

有的教师，教了一辈子书，书教得也很好，培养了不少人才。然而，他丰富而有效的经验主要是哪些，特别是它们为什么"有效"，由于没有加以分析研究，连这些教师本人也不太能说得清楚，更不要说加以理论性阐述了。

有效的经验不能上升到理论，不能实现共享，没能化为群体的共同财富，这是很可惜的事。何况，缺乏科研能力的教师，在发展上也很有限。

所以，具备科研能力，既是事业本身的需要，也是时代和全社会的需要。

三、教师提升理论修养的两大途径

（一）阅读理论书籍

科研能力的锻造，主要途径是有计划地阅读有关的理论书籍，从而提高理论修养。理论书籍能提供理论新知，扩大读者的知识视野，还能在不断地阅读中训练逻辑思维能力、熟悉科学研究的一套程式、规范的工作方法，以及语言表达形式。

理论书籍的阅读是一项艰苦的脑力劳动，它不像读文艺书籍那样，有生动的情节、优美的语言，处处给人以美的享受，使人读起来手不释卷，废寝忘食；理论书籍是抽象说理，书内充满着概念、判断、推理，这样的阅读完全是一种自觉自律的理性行为。对于那些内容艰深的理论著作，还须要自我强制，硬着头皮去啃，像恩格斯所说的"啃酸果"那样，甚至书中还会出现许多横在面前无法逾越的障碍。每当这时，有些读者就知难而退了。有志于从事科学研究的人，则应坚持，再坚持。恩格斯曾把阅读理论比做越过沼泽地：初看，汪洋一片，无从下脚，举步维艰，但慢慢就会发现其间有几个"支撑点"，沿着这些"支撑点"，便能通过沼泽地，到达彼岸。此时，再回顾走过的路，往往就一目了然了。读一本书，一定会有不少疑难之处，但更多的是已经掌握了的知识（也就是恩格斯所说的"支撑点"），总是可以读下去的。不是有这样的情形吗？读到后面，前面原先的难关自然而然地迎刃而解了。有时，读这本书解决不了的问题，在读另一本书时却解决了。

总之，读理论书籍一定要有毅力和耐心。不是为了消遣去读，而是为了需要去读。

歌德有一句名言："生命之树长青，而理论是灰色的，"指的就是上述情况。应该承认它是有道理的。不过，读理论书籍的感受，也不完全如此。

我们确实是为了解惑求知而去读理论书籍，经常能体验到一种与智者对话的乐趣；当一种新的观点或理论出现时，会使人感觉到眼前突然一亮；当长久的困惑一旦得到解决，便像走出了漫长的黑暗隧道，一切都豁然开朗了。诸如此类的境界，同样使人兴奋不已，更不用说，有的理论著作，其语言也以其睿智、机锋的风格，处处闪耀着智慧之美，读这样的理论书籍时的愉悦感，并不亚于读文艺书籍。

（二）关注科学情报

除了系统地阅读有关理论书籍外，还要时时留意"科学情报"。"情报"不像理论著作，是大部分的、体系化的。"情报"总是只鳞片爪，从一个侧面、一个局部，甚至一个点提供某一项知识。但它的重要性却不可低估。用钱学森的话说："情报，是一种特别的精神财富，是一种特别的知识。"[1]"情报是激活了、活化了的知识，是激活了、活化了的精神财富。""给情报下个定义：情报一方面是知识；另一方面，对情报有个要求，就是它要针对某一问题，有及时性、针对性的需要。"从上面的阐释，我们可以为情报概括出以下几个特点："及时性"是指它的"新"，"针对性"是指它的"专"，"激活"与"活化"是指它的"实"（可实践性）。情报的重要性不仅在于它激活了知识，还在于它激活了人的思维，给人一种科学的"顿悟"。所以，它是从

---

[1] 钱学森.关于思维科学 [M].上海：上海人民出版社，1987.

事科学研究的人不可忽视的一项宝贵的知识资源。

第三节　日积月累　丰富思想宝库

一、直面教育现场，磨砺思想锋芒

近几年来，教育的不断发展和课程改革的不断深入，对教师素质，尤其是教师的科学研究素养提出了越来越高的要求。我们看到，有很多有追求、有抱负的中小学教师，已经自觉地把"学者型教师""研究型教师"当作了自己的职业定位和角色转换目标。但应该注意的是，中小学教师最可贵的品质是实践的品质，最主要的战场是课堂教学的现场，而一个具有科研素养的中小学教师，其最耀眼的光芒也应该是实践的光芒，行动的光芒。即便是在学术成就和实践积累上都有极高建树的于漪老师，她之所以取得了令世人瞩目的成就，之所以具有那么巨大的人格魅力，也还是因为她始终将自己的根系深深扎在教育实践的沃土上。她的学术建树，绝不是从理论出发，而是从实践出发，从丰富鲜活的教育教学的感性体验出发，分析，提炼，总结，升华，再回到教书育人的实践中，如此反反复复，复复反反。她从来没有立志做一名"学者型教师"，却没有谁能够忽略她在当代教育界的学术地位。

北京市十一学校语文特级教师史建筑用"超越与回归"概括自己的教育教学求索历程：立足课堂，超越课堂，回归课堂；立足学科，超越学科，回归学科；立足教学，超越教学，回归教学。初为人师时，他只想站稳讲台，驾驭好课堂，因此特别留意教学技巧和课堂细节，很少关注理论性文章。他整理、摘抄、复印的教学实录多达 300 节。在经历了一些沟沟坎坎之后，他把思索的触角伸向每一堂课，渐渐意识到，课堂只是师生集中交往的有限时空，要想引领学生自主建构，探究创新，仅凭课堂是远远不够的，必须立足课堂，超越课堂，让学生学会自我规划，自我调控，独立操作，相互合作，科学评价，自省反思，为此，他几年甚至十几年不懈探索，摸索出一整套行之有效的方法。经过探索和思考，他充分认识到："当一位教师超越了教学，站在教育的高度来审视一个个有意义的教育现象时，他思考与实践的境界就大不相同了。他会关注知识所承载的文化与精神；会怀着敬畏之心对待每一个生命个体；会把心交给学生，让学生因为他的存在而感到幸福；会立足当下，着眼未来，为学生的一生负责。"[1]

由此可见，中小学教师教学与科学研究的思想锤炼，要立足于教育教学实践，时时处处站在学生的立场上，才能生根发芽、孕育成长，同时也只有在实践的土壤中才能发挥它的教育价值和教化功能。教育教学实践既是教师汲取思想养料的土壤，也是教师锤炼教学思想、开展教学研究、形成教学主张的现场。一个教师只有坚守教育教学的阵地，永远不停地实践，不断地前行，不懈地追求，才有可能在教教育与科研领域有所作为。

因此，中小学教师锤炼自己的教学思想，一定要牢牢树立实践精神。从学理层面来讲，实践精神是一个相当宏大的学术术语。它内在地包含了主体与客体、感性与理性、理论与实际的矛盾和统一。在这里，我们无意于对"实践精神"作学理上的探讨，只是想借用这一词语，强调教师在自我素养提升过程中实践的意义，强调教师在思想锤炼过程中行动的意义。我们要说教师教育思想的第一宝库在于教育实践，在于与学生朝夕相处、春风化雨的过程中。

二、超越现实功利，铸就思想底色

毋庸讳言，现代社会教育生态不够理想。一方面，经济社会的高度繁荣

---

[1] 张鹏举，史建筑．超越与回归 [J]．语文教学通讯：高中刊，2012（10A）．

固然为人们提供了相对富足的物质生活条件，但同时也带来了诸如功利至上、物欲泛滥等不利因素，另一方面，改革开放局面下的文化交流，固然让人们的视野不再局限在狭小的天地里，各种教育话语蜂拥而入，给人们提供了无限多的选择可能，但同时却又在某种程度上导致了自我话语的迷失和本真思考的缺位。

正是在这种情况下，有些教师抱怨，生活负担很重，工作压力很大，家庭的负担迫使教师不能不考虑经济收入，学生、家长和学校领导对升学率的看重，让教师不能不把考试分数放在首要的地位优先考虑。同时，现代生活的丰富多彩，也很难要求教师做精神生活的修道士和物质生活上的苦行僧。平心而论，这些问题确实是客观存在的。正是在这诸多因素的影响下，很多教师往往难以静下心来细细思索所从事工作的价值和规律，用心探究教育教学工作的有效方法和途径。

但是，换一个角度考虑，正因现实存在着这些问题，才更需要教师建立起主体精神，来对抗现实中的这些压力。作为知识分子，如果放弃了思索的权利，屈从于现实的压力，在当前的时代背景下，往往会使教育教学工作陷入一个怪圈：想寻求教师职业生活的幸福，但内心却总是焦虑不安，精神压力很大，工作状态很差，缺乏幸福体验；想追求优异的教学效果，至少能够拿出让学生家长和学校领导满意的分数，但往往教学成绩也很难有质的提高。长此以往，教师对教育教学工作的厌烦情绪就会潜滋暗长，即便非常努力，也只是把它当作一份谋生的职业而已，很难以饱满的精神、忘我的状态、科学的态度投入到教育教学工作中来。

大量的事例证明，凡是那些有思想、有追求、潜心研究教育教学规律的教师，没有一个是屈从于现实的压力，把教育教学当成纯粹谋生的手段，而放弃了思索的权利的。

1957年深秋的一天，正在致力于推进农村教学改革的丁有宽老师因为说了几句真心话，被打成"右派"。一夜之间，他被剥夺了向孩子们传授知识的权利，被戴上"右派"帽子从课堂赶到了采石场。每天，他都要挑十余次200斤重的石头。身体本来就羸弱的丁有宽被累得多次吐血。就是在这样的艰难困苦中，每天晚上，劳累了一天的丁有宽都借着微弱的灯光，总结自己的教学实践，最终撰写出了《班集体形成三个阶段》一文，整理出 70 多个教育故事，汇集成了一本小册子《教育顽童拾叶》。为了使自己在劳改前实践了六年的教改实验不致中断，他建议原本教数学的妻子改教语文，继续他的教学改革。执着的信念支撑着丁有宽在艰难的"反右"中挺了过来。但是，更大的磨难再次降临。"叛徒""特务""未改造好的右派分子""修正主义教育黑干将""童心母爱资产阶级黑榜样"……"文革"的急风暴雨，再次将他打入苦难的深渊。在十多年的艰难岁月中，丁有宽为了教改事业，走过了坎坷、曲折的路，尝尽了人间苦难，付出了血与泪的代价，他从来没有停止过思考，从来没有停下过探索的脚步：他探索和提炼了"没有爱就没有教育"，"面向全体，偏爱差生"等教育思想，完成了"读写结合"的初试阶段和过渡阶段的实验，先后转变 20 个乱班为先进班，转化了几百名后进生为优秀生，总结出"练好记叙文的 17 个基本功"和"寻美作文，练文炼人"的经验，撰写了几十万字的教学札记。他提出了"面向全体，培优扶差，以优带差，以差促优，拉动中间，共同进步"的"四全"教育（即全标教育、全员教育、全程教育、全力教育），概括出差生"六好"（好动、好新、好奇、好仿、好问、好胜）的心理特点和八种性格类型（激动型、外向型、内向型、随波型、变异型、顽童型、弱智型、综合型），总结出了"挖掘闪光点，扶持起步点，抓住反复点，促进飞跃点"的转化差生教育流程。[1]

像丁有宽这样的教师，就是把教育教学当成生活的一部分，乃至自己的生命形式。出于对教育教学工作的热爱，他们认真思考，潜心研究，不断求索，并因而成长为教育教学某一领域的名师。

---

[1] 丁有宽. 丁有宽与读写导练 [M]. 北京：北京师范大学出版社，2006.

三、深入阅读积累，丰富思想宝库

无论是大学教师、中学教师、小学教师，还是幼儿园教师，首先是知识分子。既然是知识分子，那就一定要读书，否则怎能担得起"知识分子"这一称号呢？教师的思想宝库，也只有通过坚持不懈的阅读，才能得到丰富。经过长期的积累，教师才能开展教育科学研究积淀成丰厚的资源和宝藏。如果一个教师不能广泛阅读、倾心学习，不能尽量多地汲取学科发展和人类文明发展历程中积淀下来的丰富的学术和精神成果，怎么能顺利开展教育科学研究呢？即便开展教学研究，其质量又有什么保证呢？

已故北京大学教授孟二冬老师在这方面为我们做了很好的榜样。他的学术起点并不高，仅仅是师范专科毕业，以这样的学术起点，在精英荟萃、人才济济的北京大学要想在科研方面做出成就，难度可想而知。而孟二冬老师却硬是做到了。在一些人匆忙于名利场、焦虑于得失间的时候，孟二冬却沉浸在对传统学术的梳理和研究中，与"板凳要坐十年冷，文章不写一句空"的箴言相伴而行。孟二冬有很多藏书，许多书籍都包有磨得发白的封皮，翻检开来，里面夹着一张张用于索引的便条，一些没有封皮的书则已被翻检得发黑，他深厚的文学修养和扎实的学问功底就来自于日复一日、年复一年的苦读。住在北京大学44楼的许多年间，孟二冬成为学校图书馆古籍阅览室的"第一读者"。他每天抱着开水杯，早去晚归，风雨无阻，和图书管理员一起上下班，多年如一日。"虽不能偃仰啸歌，心亦陶然。"正是靠着这种日积月累、水滴石穿的扎实和勤奋，他的力作《〈登科记考〉补正》广集众长，推陈出新，一出版就广受好评。在书的后记中他慨叹道："寒来暑往，青灯黄卷；日复一日，萧疏鬓斑，几乎不敢偷闲半日"。北京大学中文系蒋绍愚教授拿到孟二冬花费7年时间写就的100多万字的《〈登科记考〉补正》时不由得感慨万千，在当今还有人踏踏实实地花时间去做这种扎实的学问！这样一种文学史料性质书籍的出版，根本不会在学术界引起轰动效应，如果发行也就只有几千本的销量。然而，孟二冬呕心沥血所做的这项填补文学史空白的研究，不仅内容翔实，而且大都是从第一手资料出发。[1]

大学教师需要在学术研究上有精深的造诣，那么是不是中小学教师就不需要广泛阅读，积累科学研究的思想宝库了呢？答案当然是否定的。

荣获首届"全国教书育人楷模"称号的于漪老师，其好学乐学是出了名的。她结合自己几十年教育教学的真切体会，给广大教师指出了三条路径：重要的理论反复学，紧扣一点深入学，拓开视野广泛学。[2]正是因为不断学习，不断提高，她才能够始终站立在教育教学思想战线的最前沿，成为业界公认的领军人物。且不说于漪老师在五十多岁正当壮年时，是怎样博览群书的，这可以从那本文辞雅致、征引详备的《学海探珠》一书中略窥堂奥；即便如今已经耄耋高龄了，她仍然屡有著作问世。仅新世纪以来的短短 15 年间，她就先后出版了三套文集，共 16 部，这都得益于她勤读不辍。凡是学术界有些影响的著述，大都逃不出她阅览学习的视野。记得 2012 年，李泽厚的新书《中国哲学如何登场》一面市，就在于漪老师的书案上出现了，并且书中凡是重要的观点，或是值得深思、富有启发的语句，都留下了她圈画点评的痕迹。怪不得于漪老师的思想总是那么鲜活，总是那么有深度，因为她通过学习开通了一条能够引来源头活水的渠道，所以她总是能够为人们带来新的认识、新的思考。

第四节　独立思考　敢于质疑批判

中小学教师教学科研能力素养的修炼，要结合学习与实践进行深入的思考，这样才能不断提升自己的教学科研能力与水平。教学科研能力与水平，

---

[1] 徐江善，李江涛. 寸阴十金铸师魂：记北京大学教授孟二冬 [J]. 教育文汇，2006（04）.
[2] 于漪. 岁月如歌 [M]. 上海：上海教育出版社，2007.

一方面表现为对教育教学认识的深化，通过思索，触及教育和教学本质层面，对其功能和价值形成更为清醒、更为本真的理解，从而自身的教育教学实践方向更明确；另一方面表现为教育教学行为的合目的性和规律性，从而使教育教学从自发走向自觉，教育教学的效果和效率也就得到了保证。因此，思考应该成为中小学教师的重要生活方式。苏格拉底曾经说过："未经省察的人生是不值得活的。"其实，就中小学教师这一特定职业而言，这句话同样有道理，那就是"未经思索的教育是不值得做的"。

一、要有怀疑精神

在语文教学界，上海新纪元学校校长李海林教授喜欢思考、勤于思考、善于思考是出了名的。他刚参加工作不到一年，就被校长安排担任高三教学的任务，一教就是 8 年。在承担繁重的教学任务的同时，李海林并没有匍匐在高考模拟试卷的操练、分析与讲评中，而是深入思考语文学科和语文教学存在的一些现实问题。针对当时工具论盛行的现状，他就想：语文课堂上讲这么多主谓宾定状补、开头结尾、承上启下真的有用吗？针对有人大讲特讲语文教学的思想性，把语文课上成政治课或文学课，他就想：语文教学的本质属性和核心任务到底是什么？经过深入的思考和系统的清理，他认识到，语文教学存在的问题是整体的、深层次的。他循着自己设定的研究路向认真深入地思考，广泛阅读语言心理学、语用学、语境学、语体、语感和交际语言学等方面的著作，总结梳理前人宝贵的教学思想和教学经验，逐渐形成了自己以"言语教学"为核心的语文教学主张：以语用为目标，以言语为内容，以语感为核心，以活动为主线的语文教学新思维。在他的课堂里，除了语法、语式、语词这些概念，更多的是语境、语体、语势、语气、语调、语群、语义等新内容。多年的思考和实践，李海林不仅发表了一系列关于语感论和言语教学的文章，出版了引起一定反响的专著，而且，他在中学和高校的课堂上所勾勒的语文和语文教学的美丽图景，也成了许多学生时常回味的美好记忆。[1]

二、要有批判思维

北京大学附属中学数学特级教师张思明在科学研究上取得卓越成就，与其独立思考和求索精神同样密不可分，而他的思考和求索精神具有鲜明的个性，那就是批判性。他回忆说："在我成长的过程中，有一批非常出色的老师对我影响很大。我在首都师范大学习的最大收获是在遇到问题时学会了去琢磨别人想了什么办法。我认为，学生最大的收获是怎样从开始时提出很'傻'的问题到最后能提出很深刻的问题；是善于观察自己觉得没有问题时，别人是怎样提出问题的；是敢于对老师的教学质疑等。这些对我以后的教学影响特别大。"这种在平等、民主的氛围中学习、思考、碰撞而养成的批判性的思维方式和不满足于现状的进取精神，推动着张思明不断在学习和工作中探索、进取。

在日本学习时，日本人处处流露出的优越感让张思明深有感触：只有教育才能真正使我们强大起来。在美国学习参观时，张思明发现，中国学生都很聪明，学习成绩也很好，可是在工作中却出不了最好的成绩。于是，他开始反思传统的教育观念及教育方法，努力尝试改变陈旧的机械灌输的教学方法，在课堂上为学生积极创设可激发探索欲和创造欲的问题环境。同时，他大胆地在中学数学教学中渗透数学建模的思想和方法，着力培养学生的数学应用意识和创造能力。他带领学生深入生活，让学生们感受数学与我们无时无刻不在发生着关系。张思明的这些探索收获了可喜的教育效果，他的学生由衷地说："当我们凭自己的知识和智慧成功地解决了一个实际问题时，我们的喜悦心情绝对不亚于得第一、拿满分。张老师让我们体会到了数学的魅力

---

[1] 李海林. 李海林讲语文 [M]. 北京：语文出版社，2008.

与学以致用的乐趣"。在这令人惊喜的变化中，张思明也同他的学生一起，收获了一份份令人瞩目的成绩，他先后被授予"中学数学特级教师""全国优秀教师"称号，荣获"苏步青数学教育奖"一等奖、胡楚南优秀教学成果奖，成为享受国家津贴的专家。[1]

三、要有反思意识

反思是中小学教师修炼教科研能力与素养的重要方式。于漪老师常说："我上了一辈子课，教了一辈子语文，但还是上了一辈子深感遗憾的课。"在反思中，她写道："我反躬自省，发现自己教学中存在一个大毛病，那就是'目中无人'。只抱着教材，从教材出发，忽略了对学生的了解与研究。课堂教学中学生完全有发挥自己聪明才智的机遇与空间，遗憾的是往往自己'麻木不仁'，无意中掐掉了机遇，剥夺了空间，让创造意识的萌芽轻易流失。教训要记取，牢记：保护，悉心保护!"[2]在长期教育教学工作中，反思已经成为于漪老师的一种习惯，并内化成为她的专业品质。正是这种不断反思的专业品质，让于老师不仅具有洞察幽微的眼光，而且具有高瞻远瞩的视野。她的"胸中有书，目中有人"的呐喊，她的"多维立体无恒"的语文教学主张，她为人所熟知的关于语文教育性质的一系列文章，她在基础教育改革的每一个重要关头所提出的具有决定性影响的观点，与她对教育教学改革中所暴露出来的问题的反思密不可分。

著名特级教师、深圳明德实验学校校长程红兵老师之所以能够成为中青代优秀教师中的佼佼者，原因可能是多方面的，但注重反思、善于反思肯定是其中很重要的原因。他对教育教学的事实层面、价值层面、方法层面都有全方位的、有深度的反思。他的文章，他的著作，他的课堂教学，他的报告

---

[1] 张思明. 数学课题学习 [M]. 北京：北京师范大学出版社，2006.
[2] 岁月如歌 [M]. 上海：上海教育出版社，2007.

和讲座，总能带给人们新的认识，引发人们对教育教学的思考。翻开他的《直面教育现场》等著作就会发现，他对教育教学——尤其是语文教学的反思涉及方方面面，反思语文教学，反思教育价值观，反思中学教育和大学教育，反思课堂教学，反思语文教学的科学化主张，反思教学评价，反思学校管理与学校建设，反思教师发展，反思中国德育。[1] 正是在这种不断反思的过程，他的思想更深刻了，他的行动更自觉了，他的吐纳时代教育教学风云的胸襟更开阔了，他教学和办学的实践更接近教育本质了。

不管是于漪老师，还是程红兵老师，他们对教育教学的反思都是全方位的，既包括课堂细节，又包括教育大局；既包括具体操作层面，又包括功能价值层面；既包括教育教学工作的不断完善，又包括教师主体生命的自我实现。这种全方位的、富有深度的反思告诉每一位教师，教育教学工作无处不可以反思，无时不可以反思。只有反思，才能让教师超越平庸，实现突破，走向卓越；只有反思才能发现问题，认识不足，向更高的目标努力。

第五节　案例与导读

【案例呈现】

"读书，让我发现数学的哲理与门道"[2]

在学生时代，吴正宪就有"小老师"的绰号。

绰号来自吴正宪的成长经历。20 世纪 60 年代末，刚上初中的吴正宪就登上讲台，为全区老师上数学观摩课《二元一次方程组解应用题》。听课的一位专家断言"这孩子是做教师的料"。1970 年，16 岁的她成为一名小学老师。她至今还记得工作的第一天，身上穿着一件黄色毛衣，上面绣着"心求通而

---

[1] 程红兵. 直面教育现场 [M]. 上海：华东师范大学出版社，2013.

[2] 张贵勇著. 读书成就名师：12 位杰出教师的故事 [M]. 北京：教育科学出版社，2013.

自奋也"——那是妈妈为她绣的格言，以时刻激励她奋发向上。

为了教好每一堂课，"小老师"吴正宪白天努力工作，晚上发奋读书。受家庭的影响，她从小就喜欢看书，尤其酷爱历史和文学名著。她读过范文澜的《中国通史》。当时文学名著少得可怜，得到一本后，她像找到宝贝一样爱不释手。她的哥哥嫂嫂也爱读书，四大名著、巴金的"激流三部曲"、曹禺的《雷雨》、列夫·托尔斯泰的《安娜·卡列尼娜》《复活》，他们常常一边阅读一边讨论。

吴正宪还对自然科学书籍比较感兴趣，如达尔文的《物种起源》。在那段流行着"读书无用论"社会风气的年代里，许多年轻人无所事事，她却喜欢宅在家里悄悄地在书海里徜徉，享受着读书的快乐。古典诗词吴正宪也喜欢，当初她亲手抄写的《唐诗三百首》，至今还珍藏在她的书柜中，为她十年语文教学生涯奠定了较好的基础。

凡是去过吴正宪老师家的，印象最深刻的就是她家书桌上摆满的一摞摞书，书柜里整齐地放着一本本书、学习笔记和教学光盘。

1980年7月，吴正宪结束了北京第一师范学校两年的培训学习，来到东城区锦绣街小学教书。因为教师紧缺，她既教语文又教数学，还担任着班主任工作。虽然有了近十年教语文的功底，但改教数学对她来说很有挑战。她蹒跚摸索，不知所措。于是，在那个暑假，她从研读教材入手，找来1至12册小学数学教材，用了整整一个假期，把书中所有的例题、思考题及有代表性的练习题全部做了一遍。她查阅大量的参考资料，并根据数学知识的内在联系整理出知识网络图，写下了几十万字的学习笔记。至今，20多本密密麻麻写满学习体会的笔记本和教学随笔她还保留着，两次乔迁新居，她忍痛淘汰了不少书，但那些发黄的笔记本却一直伴随着她。

"记不清多少个夜晚，我在灯下认真演算数学题。遇到难题，我就不停地演算，草纸摞起来比写字台还要高。"吴正宪说，她还认认真真撰写了《教学有感》《小学数学系统整理》《值得回味的课》《趣味数学趣谈》等学习笔记，不断提高自己的数学素养。"不学习、不研究，我就觉得底气不足，课堂上就发虚。虽然我没在高等学府系统学过教育理论，但我知道，本领不是天生的，学习的路径是多渠道的。于是，我不懈努力，拜书本为师，拜高人为师。做教师的哥哥也成了我的指导老师，他帮我系统讲解有关知识。我深知在自身专业成长的道路上并无捷径，必须脚踏实地，用心读书，善于学习，不断积累。"

在吴正宪看来，真正让自己的数学教学独树一帜的，得益于她对哲学与心理学书籍的阅读。

1983年，针对学校题海战术、作业堆积如山、学生负担沉重的现状，吴正宪苦苦思寻对策。20世纪80年代初期，她走进马芯兰老师的课堂，一心想学习她的教学方法，也想让自己班的学生"4年完成6年的数学教学任务，提前两年参加统考，并名列前茅"。她曾经在上学期就把下学期的教材刻印成讲义，提前发给学生，结果欲速则不达，教学效果并不理想。恩师刘梦湘告诫她，学习马芯兰教学法不是表层的照葫芦画瓢，要学习她的"真经"。教学改革不是简单地提速，重新组合教材必须重视知识本身的内在联系和学生认知规律这两个基本点，并建议她多读读哲学类书籍。从那以后，吴正宪细读了《矛盾论》《实践论》等经典哲学理论书籍，于是，一条清晰的教学思路慢慢地在眼前展开。

"数学的最高境界是哲学。数学与哲学之间有着密切的关系。其实，支撑我数学教学改革的是基本的哲学规律。"吴正宪认为，数学是一门解决问题的具体科学，哲学则是系统化的世界观和方法论。哲学以数学等具体科学为基础，而哲学又为数学等具体科学的发展提供指导。"在数学教学中，要善于把握知识点的联系，有利于培养学生系统思考的能力，使思维更加深刻。"

例如，按照辩证唯物主义对立统一的规律，吴正宪打乱教材编排的顺序，将数学教材中一对对"易混"且"互相矛盾"的概念安排在同一节课里学习，用比较的方法、对比的手段揭示概念内涵。数学中的概念有许多相互矛盾、对立，如"正比例与反比例""因数与倍数""乘法与除法""无限和有限""偶然和必然"等，她就把这些内容组合、编排在一起进行学习，引导学生用"对立统一"的观点观察、分析事物的两个方面，体会一对对概念的"互相依存"关系，从而更加深刻地认识数学学习的本质。

又如，在几何教学中，她遵循辩证唯物主义"变中有不变，不变中有变""透过现象看本质"的基本观点，在引导学生学习"推导面积公式、体积公式"的过程中，充分发挥学生学习的主动性，放手让学生操作，通过"割、补、拼、平移、旋转"等方法把陌生的图形转化为已学过的知识点，再根据图形之间的内在联系推导出新图形的面积或体积计算公式，进而引导学生学会"在变化的图形现象中抓住面积、体积不变的实质"，感悟辩证唯物主义"透过现象看本质"的基本思维方法。

依据数学知识本身固有的内在联系，依据逻辑辩证法，吴正宪提出了"六条龙教学法"。她从改革教材入手，将小学数学知识组合成六个有联系的知识系统，对小学数学的"教法、学法、考法"进行了全方位改革，当时被称为"小学数学归纳组合法的实验"。这项数学教学改革实验在教育界产生了很大影响，1986 年还通过了十个单位的专家鉴定，并获北京市首届教育教学成果奖。

吴正宪在教学中引导学生在数学王国中感受数学严谨的科学美、辩证的哲理美、绝妙的逻辑美、简洁的形式美……更重要的是，她在让学生获得数学知识的同时，也受到科学思维的启蒙，提高了学生解决实际问题的能力，在她看来这才是真正的数学教育。

【案例导读】

吴正宪老师是全国著名的小学数学特级教师，她不仅课上得好，其数学教学被称作"爱与美的旋律"，而且在教学科研领域也取得了卓越的成就。她的"小学数学归纳组合法实验"，以及"在小学数学中培养创新精神四部曲"的探索，在小学数学界有很大影响。吴正宪老师的发展案例，非常有力地证明了教师教学科研能力与素养修炼的重要性，也向有志于教科研的教师揭示了一些能力素养修炼与提升的方法和路径。

其实，吴老师专业发展的起点并不高，只接受了两年师范学校的培训学习，便踏上了小学教师的工作岗位。就是从这样的起点起步，她"内修外铄，固本培元"，成长为小学数学领域的名师和教学科研专家。

从案例中我们可以看到，吴老师的自我修炼，首先是广泛的阅读，从文学经典，到数学专著，直到哲学典籍。这些广泛深入的阅读，夯筑了她课堂教学的底气，培育了她教学研究的元气。除了向书本学习之外，吴老师还向名师学习，通过吸取名师的经验，深化了自己对教育教学理解和实践的深度。

其次，我们还不难发现，吴老师在自己的专业上是下过苦功夫的。正是那种"把书中所有的例题、思考题及有代表性的练习题全部做了一遍""查阅大量的参考资料""根据数学知识的内在联系整理出知识网络图""写下了几十万字的学习笔记"等，看上去很"笨"的钻研功夫，让她具有了非常扎实的专业功底。其实，不只吴老师是这样，几乎所有名师，在自己成长过程中都是下过"苦功夫""笨功夫"的。比如于漪老师原本是复旦大学教育系毕业，改行教语文后，她硬是"从语音、语法、修辞、逻辑到中外文学史，到阅读一定数量的中外数量的中外文学名著，以文学史为纵线，以各个时代重要的作家作品为横线，纵横交错，再旁求其他"，在两三年内完成了"把中文系的主要课程捋一遍"的学习计划，为此，她"每天晚上九点以前备课，改作文，九点以后学习，自修，咬着牙学，天天明灯陪我过半夜"。[1]

再次，吴老师的经验还告诉我们，教师的教育科研能力与素养的修炼，无须他求，而是要立足于解决教学现实问题的实践土壤中。她的"小学数学归纳组合法实验"研究，就是针对"学校题海战术、作业堆积如山、学生负担沉重"的现状而开展的。在这种基于现实问题的科学研究过程中，她深化了自己对知识本身内在联系和学生认知规律的理解和认识。

另外，非常难能可贵，同时又非常重要的是，作为小学数学教师，吴老师对教学的思考，并没有局限在学科领域之内，而是上升到了哲学的高度，这当然得益于她长期以来对《矛盾论》《实践论》等经典哲学理论书籍的阅读和钻研。正是这种深入的阅读和钻研，让她对小学数学这门学科的理解和思考，拥有了与别人不同的思维角度和研究高度。

---

[1] 于漪. 岁月如歌 [M]. 上海：上海教育出版社，2007.

参考文献

一、著　作

[1] 于漪. 于漪文集 [M]. 济南：山东教育出版社，2001.

[2] 于漪. 于漪新世纪教育论丛 [M]. 南宁：广西教育出版社，2008.

[3] 于漪. 于漪基础教育论稿 [M]. 太原：山西教育出版社，2014.

[4] 于漪. 于漪与教育教学求索 [M]. 北京：北京师范大学出版社，2006.

[5] 于漪. 岁月如歌 [M]. 上海：上海教育出版社，2007.

[6] 于漪. 语文教育艺术研究 [M]. 济南：山东教育出版社，1999.

[7] 冯起德，陈小英. 教师的科学研究 [M]. 长春：东北师范大学出版社，2002.

[8] 郑慧琦，胡兴宏. 教师成为研究者 [M]. 上海：上海教育出版社，2005.

[9] 郑金洲. 教师如何做研究（第二版）[M]. 上海：华东师范大学出版社，2012.

[10] 冉乃彦. 中小学教师如何做研究 [M]. 北京：人民教育出版社，2006.

[11] 张民生，金宝成. 现代教师：走近教育科研 [M]. 北京：教育科学

出版社，2002.

[12] 刘英琦. 做研究型教师：问题·方法·实例［M］. 广州：广东教育出版社，2013.

[13] 郭子其. 做一个研究变革型教师［M］. 重庆：西南师范大学出版社，2013.

[14] 吴义昌. 如何做研究型教师［M］. 上海：华东师范大学出版社，2014.

[15] 龙文祥. 做身边的研究［M］. 芜湖：安徽师范大学出版社，2013.

[16] 冯卫东. 今天怎样做教科研：写给中小学教师［M］. 北京：教育科学出版社，2012（2）.

[17] 裴娣娜. 教育研究方法导论［M］. 芜湖：安徽教育出版社，1997.

[18] 刘良华. 教育研究方法专题与案例［M］. 上海：华东师范大学出版社，2007.

[19] 徐崇文. 中小学教师教育研究读本［M］. 上海：上海教育出版社，2014.

[20] 张少波，李海林. 事实和证据视野中的课堂教学诊断［M］. 上海：上海市教育出版社，2015.

[21] 田荣俊. 课堂教学改进策略研究［M］. 上海：上海交通大学出版社，2015.

[22] 张文质，刘永席. 今天我们应怎样进行教学反思［M］. 重庆：西南师范大学出版社，2011.

[23] 熊川武. 反思性教学［M］. 上海：华东师范大学出版社，1999.

[24]［日］佐藤学. 课程与教师［M］. 钟启泉，译. 北京：教育科学出版社，2003.

［25］郑金洲.案例教学指南［M］.上海：华东师范大学出版社，2000.

［26］于漪.心灵的对话·高中卷：情感的聚焦［M］.桂林：广西师范大学出版社，2004.

［27］李海林.美国中小学课堂观察［M］.北京：教育科学出版社，2015.

［28］兰保民.语文课堂教学评课智慧：于漪评课案例剖析［M］.上海：上海教育出版社，2012.

［29］陈大伟.有效观课议课［M］.天津：天津教育出版社，2010.

［30］崔允漷，沈毅，吴江林，等.课堂观察Ⅱ：走向专业的听评课［M］.上海：华东师范大学出版社，2013.

［31］余文森.有效备课上课听课评课［M］.福州：福建教育出版社，2009.

［32］张文质，陈海滨.今天我们应怎样评课［M］.重庆：西南师范大学出版社，2011.

［33］通州市教育科学研究室.课堂诊断80例［M］.南京：江苏教育出版社，2009.

［34］丁有宽.丁有宽与读写导练［M］.北京：北京师范大学出版社，2006.

［35］李海林.李海林讲语文［M］.北京：语文出版社，2008.

［36］张思明.张思明与数学课题学习［M］.北京：北京师范大学出版社，2006.

［37］程红兵.直面教育现场［M］.上海：华东师范大学出版社，2013.

［38］张贵勇.读书成就名师：12位杰出教师的故事［M］.北京：教育科学出版社，2013.

［39］金哲，姚永抗，陈燮君.当代新术语［M］.上海：上海人民出版

社，1988.

[40] 钱学森. 关于思维科学 [M]. 上海：上海人民出版社，1987.

[41] [苏] Ｂ·Ａ·苏霍姆林斯基. 给教师的建议 [M]. 杜殿坤，编译. 北京：教育科学出版社，1984.

[42] [美] 约翰·杜威. 我们怎样思维·经验与教育 [M]. 姜文闵，译. 北京：人民教育出版社，2005.

[43] [德] 雅斯贝尔斯. 什么是教育 [M]. 邹进，译. 上海：生活·读书·新知三联书店，1991.

[44] [日] 佐藤学. 静悄悄的革命 [M]. 李季湄，译. 长春：长春出版社，2003.

[45] [瑞士] 让·皮亚杰. 教育科学与儿童心理学 [M]. 傅统先，译. 北京：文化教育出版社，1981.

[46] [美] 李 S·舒尔曼. 实践智慧：论教学、学习与学会教学 [M]. 王艳玲，等，译. 上海：华东师范大学出版社，2014.

[47] [美] 威廉·维尔斯马，斯蒂芬·G. 于尔斯. 教育研究方法导论 [M]. 袁振国，译. 北京：教育科学出版社，2010.

[48] [美] 文森特·赖安·拉吉罗. 思考的艺术（第 10 版）[M]. 金盛华，李红霞，邹红，等，译. 北京：机械工业出版社，2015.

[49] [美] M·尼尔·布朗，斯图尔特·M 基利. 走出思维的误区：批判性思维指南（修订第 9 版）[M]. 张晓辉，马昕，译. 北京：世界图书出版公司，2012.

[50] [美] 布鲁克·诺埃尔·摩尔，理查德·帕克. 批判性思维（第 10 版）[M]. 朱素梅，译. 北京：机械工业出版社，2015.

[51] 理查德·保罗，琳达·埃尔德. 批判性思维工具（第 3 版）[M].

侯玉波，姜佟琳，等，译. 北京：机械工业出版社，2015.

[52] 列宁. 哲学笔记 [M]. 北京：人民出版社，1974.

[53] 王国维. 人间词话 [M]. 成都：四川人民出版社，1982.

[54] [美] 艾瑞克·弗洛姆. 人的呼唤：弗洛姆人道主义文集 [M]. 毛泽应，刘莉，等，译. 上海：生活·读书·新知三联书店，1991.

[55] 鲁迅. 鲁迅全集 [M]. 北京：人民文学出版社，2005.

[56] 朱熹. 周易 [M]. 上海：上海古籍出版社，1987.

[57] 陈澔. 礼记 [M]. 上海：上海古籍出版社，1987.

[58] 朱熹. 孟子 [M]. 上海：上海古籍出版社，1987.

二、论　文

[59] 陈军. 中国语文教学论的古典阳光：〈论语〉夜读小识 [J]. 上海教师，2006 (5).

[60] 余党绪. 公民表达与中小学写作教育 [J]. 语文学习，2012 (7−8).

[61] 顾泠沅. 教学任务与案例分析 [J]. 上海教育科研，2001 (3).

[62] 李忠如. 试论课堂教学案例的基本理论和实践 [J]. 上海：教育理论与实践，2001 (4).

[63] 陈大伟. 教学案例研究的三种指向 [J]. 上海教育科研，2015 (5).

[64] 杨玉东. 课例研究的国际动向与启示 [J]. 全球教育展望，2007 (3).

[65] 杨玉东. 教师如何做课例研究 [J]. 教育发展研究，2008 (8).

[66] 杨玉东. 课例研究的关键是聚焦课堂 [J]. 人民教育，2013 (7).

[67] 张肇丰. 试说教师的案例研究 [J]. 课程·教材·教法，2004 (8).

[68] 俞国良，辛自强，林崇德. 反思训练是提高教师素质的有效途径

[J]. 高等师范教育研究，1999（4）.

[69] 张立昌. 试论教师的反思及其策略 [J]. 教育研究，2001（12）.

[70] 刘加霞，申继亮. 国外教学反思内涵研究述评 [J]. 比较教育研究，2003（10）.

[71] 王映学，赵兴奎. 教学反思：概念、意义及其途径 [J]. 教育理论与实践，2006（2）.

[72] 仇定荣，陈晓平. 教学反思，彰显教师的教学智慧 [J]. 中国教师，2008（9）.

[73] 齐佩芳，全守杰. 论教师自我发展的反思之路：对教学反思存在问题的剖析 [J]. 教育与教学研究，2011（4）.

[74] 邵光华，顾泠沅. 中国教师教学反思现状的调查分析与研究 [J]. 教师教育研究，2010（2）.

[75] 周兴国，吴佩佩. 论教学反思的实践意义及其限度 [J]. 教育科学研究，2013（10）.

[76] 王晓华. 论教学反思的有效途径 [J]. 教研天地，2013（1）.

[77] 吴振利. 论中小学教师教学反思的问题、特征与种类 [J]. 河北师范大学学报（教育科学版），2014（7）.

[78] 潘小明. 科学探究方法在探究活动中习得：能被 3 整除的数的特征教学案例与反思 [J]. 小学青年教师，2004（4）.

[79] 潘小明. "冰山原理"新解："长方形的面积与周长"教学实录与反思 [J]. 小学教学（数学版），2008（7－8）.

[80] 夏惠贤，曹丽娟，袁玲玲. 教学日志与教师专业发展研究 [J]. 外国中小学教育，2007（12）.

[81] 林存华. 新课程精神关照下的听课变革 [J]. 教学与管理，2007

（1）.

　　［82］陈大伟. 观课议课的文化观念［J］. 教育与教学研究，2010（5）.

　　［83］邵珠辉，李如密. 教师专业发展视域下的教学关键事件［J］. 教育科学研究，2010（10）.

　　［84］程红兵. 学校教学领导如何观课评课［J］. 中小学管理，2011（10）.

　　［85］许焕利. 新课程的有效观课和议课［J］. 教育实践与研究，2012（2B）.

　　［86］邓李梅. 教师同伴观课议课及其诊断［J］. 教育研究与实验，2013（2）.

　　［87］张鹏举，史建筑. 超越与回归［J］. 语文教学通讯（高中刊），2012（10A）.

　　［88］徐江善，李江涛. 寸阴十金铸师魂：记北京大学教授孟二冬［J］. 教育文汇，2006（4）.

后　记

　　由冯起德教授和陈小英老师合著的《教师科研能力的养成》（2012年版），是于漪老师主编"现代教师自我发展丛书"的一种，东北师范大学出版社有重版该套丛书的打算，蒙于漪老师信任和原作者认可，将《教师科研能力的养成》一书交给我来做。

　　由于本著述是在原书基础上的改版，因此在体例上作了大的改动，规模也由原书的四章扩充为现在的九章，除行文中为了阐述便利而使用的案例外，还在每章最后一节以"案例与导读"的形式补充了一些比较新鲜的，相对来说也比较典型的教科研案例，以体现教育教学研究的时代性。这些案例，既有示范意义，也方便初入门径的教师对各章相关内容形成一些感性认识。

　　新版除对教师的科学研究做一些基础性阐述外，重点介绍了教科研常用的基本方法、科研课题的选择与确定，以及与教师日常教育教学工作密切相关的几种科研形式：科研论文、案例研究、教学反思、听课评课。应该说，旧版中冯、陈两位老师原作体例精审，内容精到，语言精彩，在众多教科研读本中，具有鲜明特色，其中部分内容依然是本书的重要组成部分，如第一章第二、三节，第二章中阐述部分，第九章第二节。在此谨对两位老师的著述表示诚挚的敬意和谢忱。

　　另外，书中还使用了一些学校和教师的案例，也吸收了不少教科研领域的最新研究成果。其中大部分案例已征得作者同意；个别案例，由于条件限制，事先无缘征求作者意见，恳请作者见谅。凡有引用者，均规规矩矩地一一出注，在此一并向作者致谢。

　　在本书编写过程中，我更加深刻地认识到"理论是灰色的，生活之树常青"这一名言的深刻内涵。教育教学生活丰富多彩，科学研究世界广阔无边，因此，教师的科学研究，无论从形式上还是从内容、方法上，都具有鲜活的、灵动的、根据实践和研究需要而不断变化的无限创生性。要想在一本小书中将教育教学的科学研究问题讲全面、讲透彻，讲到位，恐怕只能是写作者美好的愿望和努力的方向，而实际上却永远达不到这样的要求。我当然也不敢生此妄念，只要这本小书能够让教师们觉着方便、有用，对日常开展教科研工作有帮助，则于愿足矣。当然，书中可能难免还有不足甚至错误，唯愿读者谅之，同行鉴之，方家正之。

　　是为后记。

兰保民